ケビン・マクラウドの
最新
カラーデザイン

120のカラーを使った70パターンで
室内の装飾雰囲気はこんなに変わる！

ケビン・マクラウド 著
岩田 佳代子 訳

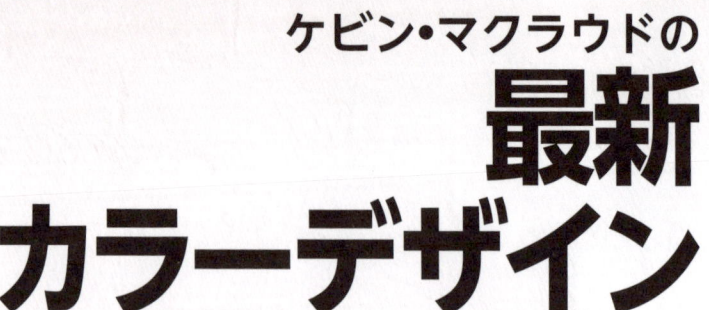

目次

本書を執筆した理由　6

本書の役立て方　8

パレット　10

色の働き　146

便利なカラー用語　153

カラーレンジ──色の範囲　154

対応塗料　156

本書を執筆した理由

　本書を介してわたしが目指したのは、奥深く、力強い色による、バランスのとれたカラーレンジを企画すること——カラーパレットのコレクションを編纂することです。本書が、デザイナーやデコレーター、住まいのオーナー、そして、情感に満ちた色の力に魅せられているすべてのかたの、有用な作業ツールになれば幸いです。

　色をテーマにしたわたしの前著『インテリア/カラーバイブル』では、大半のパレットのもとになっていたのが、自然界および歴史的な工芸品や、色彩設計——中世イタリアの収納用の大箱(カッソーネ)の彩色や、1960年代のフォルクスワーゲン・キャンピングカーの塗装など——でした。つまり、『インテリア/カラーバイブル』に掲載したパレットは、色のコレクション——それぞれの時代なり場所なりを見事に体現しているものであり、多様なイメージによってもたらされる力強いものだったのです。

　けれど、それにつづく手軽な本書では、少々違った点に重きを置いています。だからといって、色の力はもはや不要というわけではありません。むしろ本書でわたしが訴えたいのは、意外かもしれませんが、比較的カラーレンジのせまいものでも(もちろん選択は慎重にしています)、色にかんしてあなたが必要とするほぼすべての要素を提供できる、ということなのです。

わたしの考える力強いパレットとは、一風かわっていたり、目立つ色を組みあわせたものばかりではありません。それらに負けない、独自性を有するものも、力強いパレットなのです。そのようなパレットはときに圧倒的な力で、わたしたちの潜在意識に眠る、時代や場所や感情にまつわるもろもろの色のイメージを呼び覚ますこともあります。もちろん、単色でもそうしたイメージを喚起させることはできるでしょう。それはさながら、マイルス・デイビスのソロ演奏のようなものです。かたやパレットは、フルオーケストラによる演奏をきいているかのごとき効果をもたらしてくれる、といえるかもしれません。

　本書で一切言及しないものは、どんな形であれ普遍的なものです。カラーモデルにしろ、"破綻のない"配色例にしろ、すべてを網羅してはいません。かわりに趣旨を明確にし、あなたがバランスのとれたインテリアデザインをする際に必要なすべての情報を供することができるカラーレンジに絞って説明をしています。いずれも、色同士はもとより、あなたをも引き立て、あなたの住環境を一段と気品ある空間へとかえてくれる色ばかりです。そんな色を見て楽しみ、さらには実際に活用して楽しんでいただけることを、心から願っています。

本書の役立て方

　本書には、120もの色をさまざまに組みあわせた、67の色のまとまり、つまりパレットを掲載しています。また、これら120の色はすべて、154-5ページで、カラーレンジとしてまとめて見ることも可能です。このカラーレンジを構成している色――色あいと強さを考慮して配してあります――は、たがいを補完しあい、見た目が美しく、全体として考えたときにバランスよく共存できるもの、との観点から選びました。少なくとも、そのつもりではあります。

　たんに、奥深い色を一覧にして紹介することもできましたが、それではおもしろくなかったでしょう。どんな色であれ、それを選ぶからには、そこに意味がなければなりません。わたしたちは色を使うとき、そこになんらかの意味をこめます。色に秘められた価値やイメージを感じ取り、それを活かして、語られることも記されることもない考えや思いを伝えていくのです。したがって、本書に掲載している色はすべて、どこかしらに由来するものであり、それぞれの色が、ものや場所や時代とかかわりがあるといえます。多くの色が、風景や地球そのもの、さらには、装飾用の最初の色をもたらした天然色素に端を発しているのです。と同時にすべての色は、装飾に使われてきた長い歴史を有する、複雑な顔料でもあります。にもかかわらず、こうした色がいずれもいまだに、しっかりと意味を有しているのは、おそらくはその複雑さのゆえであり、おそらくはたんに強烈な個性のゆえといえるでしょう。本書をご覧になれば、17世紀のインテリアと、コンピューターが活躍する現代美術館の壁の双方に用いられている色あいを見つけることができるはずです。

　このような色は、個々に見てもそれぞれに趣がありますが、組みあわせても、直接、間接を問わず、力強いメッセージを発信することができます。そのためにこそ、本書の色はすべて、パレットというまとまりとして掲載しているのです。

　本書からは、どのような方法で色を選びだしていただいてもかまいません。1つのパレットをそっくりまねして、そのパレットの持つイメージなり、そこに秘められている得もいわれぬ特性なりを存分に活かすのもいいでしょう。パレットのなかから、何色かを抜きだして使うという方法もあります。あるいは、1色だけ用いても結構です。すべては、あなた次第なのですから。

パレットそのものには、便宜上番号をつけていますが、それぞれの由来に準じた命名は、あえてしていません。

　名前のついていないパレットには、あなたが色や色のアレンジにたいして抱いているかもしれない先入観を取りのぞくという隠れたメリットがあります。たとえば、あなたのリビングや、あなたが今取り組んでいるプロジェクトなり広告キャンペーンなりに取り入れてみたいと、心惹かれる色の組みあわせがあるかもしれません。ところが、もしそのパレットが、"壁の色"というタイトルのグループ内にあり、中東の都市である"古代エリコ"という名前がつけられていたら、名前すら読み終わらないうちから、そのパレットを使う気がなくなってしまうかもしれないでしょう。そこで、まずはざっと本書を眺めて、目にとまったパレットに印をつけておくことをおすすめします。そのほうが、各パレットに付記した説明に惑わされて、身動きがとれなくなってしまうより、はるかにいいからです。

塗料の色の見つけ方
　本書で取りあげている色見本はすべて、英国Fired Earth社の塗料に適合しています。156-158ページの一覧をご覧いただければ、各パレットに使用した個々の色の詳細がおわかりになるでしょう。もちろん、それぞれの色がFired Earth社のどの塗料に適合するかも、簡単にわかるようになっています。あるいはまた、あなたが塗料店で選んだ色に、色見本をあわせることも可能です。

色の再現について
　国内および国際標準規格の色は、ナチュラル・カラー・システム(NCS®)および国際標準化機構(ISO)のカラー・コントロール・アトラスのような、承認されたコントロールリファレンスにより、ヘキサクロームHexachrome®の色見本と比較、照合してあり、付随書『マンセル・ブック・オブ・カラー』およびLabやNCS®の色見本との適性検査も経ています。なお、本書の作成に際して用いたヘキサクロームHexachrome®の印刷法にかんしては、152ページのカラーモデル4の項で詳しく説明してありますので、ご覧ください。

1

"色あいが適切であるならば、
いつでも、無数の色のなかから、
ありとあらゆる状況に適した色を選ぶことができる"
ゲイ・アダムズ

　レッドとグリーンの組みあわせがもたらす意義を、決して過小評価しないでください。この2色は補色であり、右の写真のように、多少おさえ目の色味であってさえ、双方を引き立てあう相乗効果が見られるのです。レッドとグリーンは、17世紀ムガル帝国のテキスタイルデザインに、ともに正式に取り入れられて以降、何世紀にもわたって、愛憎関係を繰り広げてきました。これはわたしのつくり話ではありません。21世紀のデザインに影響をおよぼす運命にあった、このような美しい色あいのファブリックは、オフホワイトを下地に、バラと葉の模様で彩られました。実際、このページでも、まさにその色を提示しています。これぞ歴史の力でしょう。

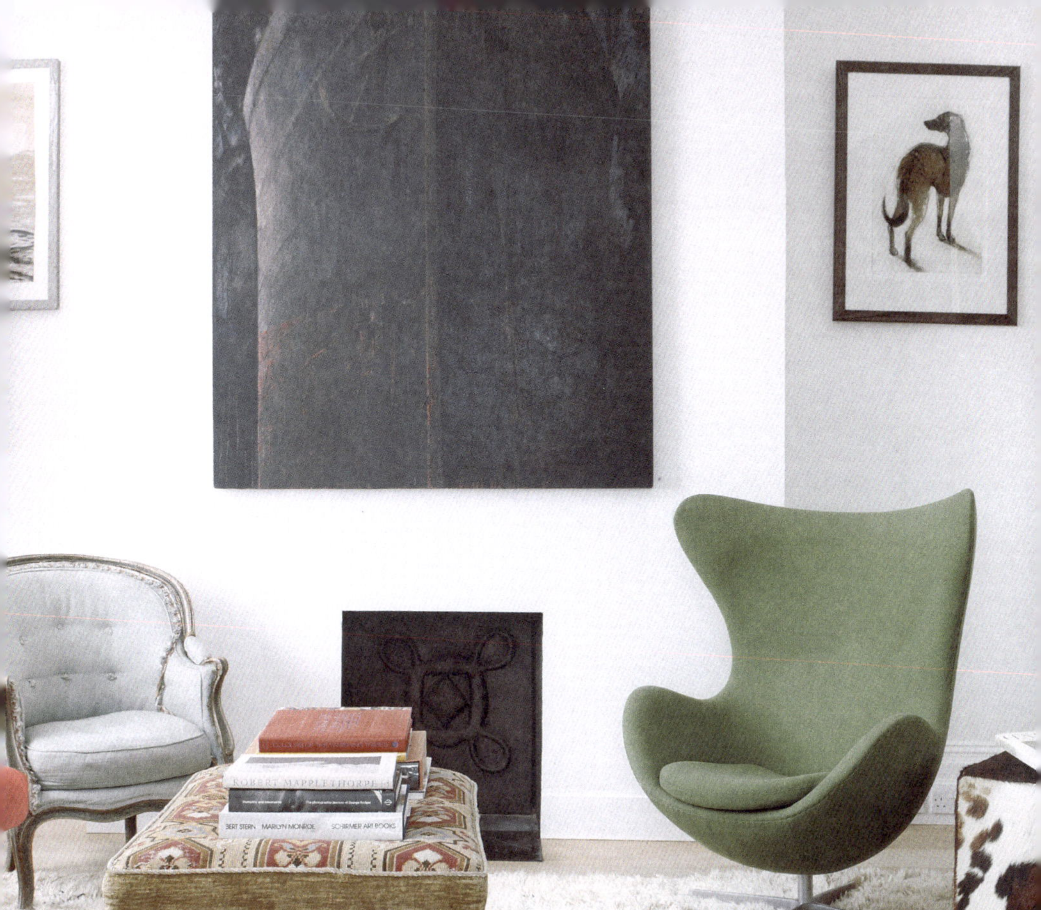
ROBERT MAPPLETHORPE
BERT STERN MARILYN MONROE SCHIRMER ART BOOKS

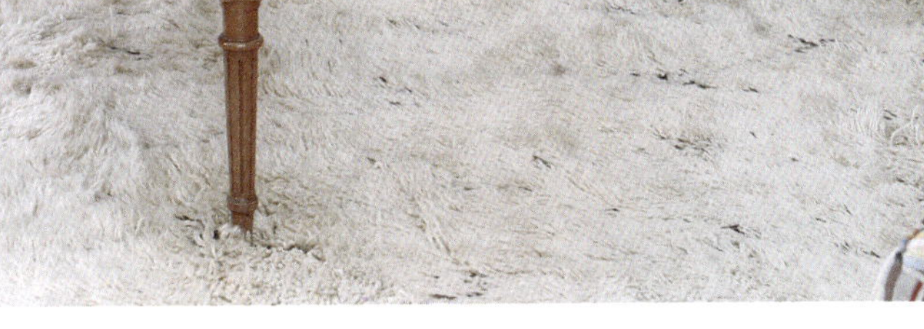
2
3
4

パレット

2

"色彩は、材料形態における感性
であり、その根源的な状態に
なくてはならない存在である"
イヴ・クライン

　ここでも、レッドとグリーンが伯仲していま
す。ゲイ・アダムズの言葉を裏づける、もう1つ
の好例といえます(p.12を参照)。つまり、色あ
いをきちんと統一していれば、補色であって
も、何色も組みあわせることが可能なのです。
どの色も、自己主張をしっかりとしつつ、グレー
がかっていて、おさえた色あいになっており、く
すんでいるのがおわかりでしょう。大事なの
は、同じ色調でそろえることです。

　わたしは、腰羽目が好きです。つまり、壁の
下のほうに帯状に色を1色配するのです。これ
は、少なくとも6000年前のエリコで用いられ
て以降、ずっと使われている手法で、この方法
なら、壁の汚れも簡単に隠してしまえますし、室
内のバランスを乱すこともなければ、あなたが
気圧されたりすることもなく、強い色を取り入
れることができるでしょう。

5

6

パレット　15

16　パレット

3

*"なぜ、並べて配された2色は
たがいに引き立てあうのだろう?
これをきちんと説明できる者が
いるだろうか? いや、いない。
絵の描き方を習得できる者が
決していないのと同じように"*
パブロ・ピカソ

このパレットも、色調に統一感の見られる好例です。オレンジ・ブラウンに補色の特色が認められます。その部分を、白い紙で隠してみてください。パレット全体が、ぐっとひかえ目で、格式ばった雰囲気になるでしょう。ブルーを隠せば、このパレットからは大胆さが失われます。

写真をご覧いただければおわかりのように、必ずしも塗料やファブリックを用いなくても、補色の効果をもたらすことはできるのです。花瓶もしかり。この場合、オレンジのボウルでも、同様の効果を得られたでしょう。あとは、ライムを1つとミントの小枝を置けば、パレットを構成している色をすべてそろえることができます。

パレット

4

"総じて、現代のパレットは
ポンペイの芸術家たちが用いていたものとかわりがない。
パレットの質が、その当時のままだといっているわけではない。
古代の人々が使っていたパレット――アース、オーカー、
アイボリー・ブラック――があればなんでもできる、ということだ"
ピエール=オーギュスト・ルノワール

ブラウンは一癖ある色です。グレーやレッド、グリーン、パープル、オレンジからもつくることができます。レッドとグリーンや、ブルーとオレンジといった2色の補色塗料を混ぜると、普通はくすんだブラウンになります。そして、実際にこのやり方でブラウンをつくったり、レッドの下地にグリーンの葉を描くといったように、その補色効果をたくみに利用している芸術家たちは大勢いるのです。

けれど、明度と趣を考えるなら、粘土質の顔料を活用するのが1番でしょう。たとえば、バーントシェンナやローおよびバーントアンバー、ポッツォーリレッドあるいはバンダイクブラウン(実際はピッチからつくられています)などです。こうした顔料なら、ブラウンの有する相反するさまざまな魅力を、あますところなく伝えてくれます。

ここでは、パープルがかったクールなブラウンが、同系色のアーシーレッドと、より繊細なチャイニーズグリーンとの調整役として用いられています。ブラウンは、色彩設計におけるまとめ役、といってもいいでしょう。わたしは、そういいたいと思います。

"グリーンへの偏愛。それは、個人においては常に、
繊細で芸術的な気質の反映であり、
国家においては、道徳的退廃とまではいかなくとも、
道徳の弛緩を象徴するといわれている"

オスカー・ワイルド

　はなやかな色彩設計をするには、補色を組みあわせて使わなければいけない、などということは、もちろんありません。このページのブルーとグリーンはいずれも、色相環のとなりあったグループから抽出したもの――ブルーがかったグリーンと、グリーンがかったブルーばかりです。にもかかわらず、この写真の色彩設計がすばらしいのは、使用する塗料の色をきちんと考え、壁のそここにレザーの色を取り入れているからだといえます。えっ？　1940年代の肘かけ椅子にぴったりあうファブリックや壁紙が見つからない？　大丈夫。自分で塗ればいいだけです。上手に塗ろうなどとかまえる必要はありません。

"色は移り気だ。
どの色も、となりの色に影響を受ける"

ポール・リチャード

　いわずもがなかもしれませんが、あえていうなら、ほんの少し色があるだけで、行き詰まった思考回路を活性化することができます。試しに、右の写真のグリーンがかった椅子を隠してみてください。室内が一気に、凍りついたような雰囲気になってしまいます。グリーンがかった椅子を再度見せれば、多少とも生き生きした感じになるでしょう。

　意外と知られていないのですが、モノクロの色彩設計のなかにあざやかな色を1色だけ取り入れるのは、なかなか難しいことです。このページのグリーンは、イエローががっているうえに、少しグレーも混ざっているので、死を彷彿とさせる色味のない部屋にもなじんでいます。ここにレッドなりブルーなりオレンジなりを配するのであれば、その色が浮いてしまわないよう、必ず部屋全体と色調をそろえてください。

7

"時間に色があるなら、味わい深いオフホワイトにちがいない"
グレッグ・パリッシュ

　前のページの写真よりもこのページのほうが、ずっとしっくりきます。ここでは、たくみに組みあわされた、さまざまな色調を有するグレー——あたたかみのあるものや、ブラウンを帯びたもの、ぐっと涼しげなものなど——のバランスを取るために、グリーンを用いています。グリーンがこの色彩設計に生命を吹きこんでいる、といえるでしょう。イエローも同様の働きをしますが、ここに少量のブルーなりレッドなりを用いても、精彩を欠くだけです。

"わたしが関心を抱いているのは、水の色を見ただけで、
それが世界のどこのものかが正確にわかるという人だ"

レオナルド・ミゼレク

　水の色とはどんな色でしょう？　氷や、氷河の奥のほうをのぞけば、きらめくターコイズを帯びているのがわかります。けれど悲しいかな、それを塗料で表現すると、市営プールの色にしかなりません。一方ナイル川は、ナイル川独自の色をしています。ナイルの水との名前で知られる鈍いグリーンです。このページに掲載してある色見本のなかで、もっとも淡いグリーンである5に相当します。

　それに反して世界の海は、想像できうるかぎりのありとあらゆるさまざまなブルーを呈しています。ちなみに、左の写真のバスルームに用いているのは、静水池の色です。にもかかわらず、このバスルームが洗練されて見えるのは、慎重を期して、建築材の使用を、シンプルなもの1種類にとどめているからです。この手法は、ぜひとも活用してください。

9

*"色調のバランスが取れていれば、
ほとんどの色を使うことができる"*
ジャニーン・パーソンズ

　これまでさまざまなパターンで見てきたようにグリーンとともにまず用いられていたのは、補色のレッドです。さらには、グリーンに落ち着きをもたらしていた、強力なまとめ役であるブラウンや、グリーンを装飾上の刺激色として活用することで生き生きとしてきた、さしたる特徴もない、地味なモノクロのパレットもありました。そこで今度は、初登場のパープルについて少し見てみましょう。

　この事実を受け入れるには少々時間を要するかもしれませんが、パープルはどのような色あいであれ(モーブでもバイオレットでもピュースでも、好きに称していただいてかまいません)、ブラウン同様、強力なまとめ役なのです。つまりパープルは、パレットに統一感をもたらせる色といえます。少なくとも、室内の装飾を考えているなら、パープルは大きな助けとなってくれるはずです。

10

“パレットの一方にはホワイトが、もう一方にはブラックがある。
が、いずれもきちんと使われたためしがない”

ウィンストン・チャーチル

　このパレットからおわかりのように、グレーやオフホワイト系の色ばかりで1つのパレットをまとめることもできるのです。ここに掲載した色はいずれも、わずかににごりを帯び、うっすらとグリーンがかっています。確かに、魅力的な色あいとはいいがたい取りあわせではありますが、実際に使用するには、すばらしい組みあわせなのです。もっとあたたかみのあるグレーであれば、いっしょにブラウンなりパープルなり補色なりを少し取り入れて、色味が浮かないよう抑制する必要が往々にしてありますが、このパレットの色に、そんな必要はありません。

11

"絵を描くのに、色は非常に重要なものだが、
それについて語るのはきわめて難しく、
一般論として声高に述べられることなどほとんどない。
なぜならそこには、量、移ろい、残りの地色、質感とともに
色の有するある種の整合性、
さらには画家が表現しようとしている主張と、
あまりにも多くの要因がからんでいるからだ"

ロイ・リキテンシュタイン

　とはいうものの、一応やってみましょう。しぶい寒色のグリーンがかったグレーに、明るい暖色をあわせてみたらどうなるでしょうか。暖色はアンバーとハニーです。パレット全体がパッと映えます。これは、非常に洗練された、複雑なパレットです。ホワイトをほとんど使わず、強い補色もいっさいありませんが、それによって一段と強さをましているのです。

12

"わたしは緑の木を見る。わたしにとって、それは緑だ。
あなたもその木を、緑というでしょう。
あなたとわたしの意見は同じ。
でも、あなたが緑だという色は、
わたしが緑として見ている色と同じなの?"

カーソン・マッカラーズ

　すばらしい現代建築におけるこだわりの1つが、"風景を取り入れる"ことです。少なくとも、クライアントはよくそういいます。建築家は"境界線を取り払う"と称します。いずれにせよ、そうした効果を得るには、全面ガラス張りの壁にするか、新鮮な空気で壁をつくらなければなりません。さもなければ、壁の内側をグリーンの塗料で塗る、という方法もあります。

　1980年代、偉大なる動物学者デズモンド・モリスがある興味深い調査をおこなった結果、廊下に用いたい人気の色第1位は、グリーンであることがわかりました。それでは廊下というよりも、むしろ丘陵地帯になりかねませんが。もしあなたも、廊下を丘陵地帯化したいなら、そのための完璧なひな型を提供しているのが、このページのささやかなパレットです。

パレット　35

13

*"形が色を決するのではない、
色が形を引きだすのだ"*

ハンス・ホフマン

　149ページのカラーモデルを見ていただければ、わたしたちがどんなふうに世の中を知覚しているのかが、ある程度正確にわかるでしょう。そこにはブルーグリーンもあり、その補色は、純粋なオレンジです。ところで、これはわたしの拡大解釈かもしれませんが、この写真で用いられている明るい色の木材は、えてしてオレンジやオレンジ・イエローといった色味を帯びた、くすんだベージュのような色あいであることが多く、そのおかげで、椅子に使われているブルー──わずかにグリーンがかったブルーの見事な補色になっているといえます。マツ材の家具を引き立てたいですか？　ならばぜひ、この写真のように、グリーンを帯びたブルーといっしょに配してみてください。

14

> "ほぼ例外なく、
> ブルーは、抽象的で非物質的な領域を表現しようとしている"
> **ワシリー・カンディンスキー**

　ブラウンとブルーというのは、実にすばらしい関係です。正直なところ、ブラウンとグリーンとの関係よりも素敵でしょう。なにしろこの2色——グリーンとブラウン——は、地球の同じ場所でその存在を主張しあっているのですから。けれどブルーとブラウン、つまり空と大地なら、うまくやれそうではないですか。しかもこのブラウンとブルーは、さまざまな色あいの組みあわせを試してみることができますし、実際にわたしも本書のなかで試しています。

　ブラウンには、色と色とをつなぎあわせるという明確な特性があり、それゆえにパレットをまとめる色といえます。だからこそ、くつろぎの場所であるベッドルームにふさわしい色と称せるのではないでしょうか。隣接するバスルームに、ブルーとともに用いれば、ひとつづきの空間に最適な色の組みあわせとなります。

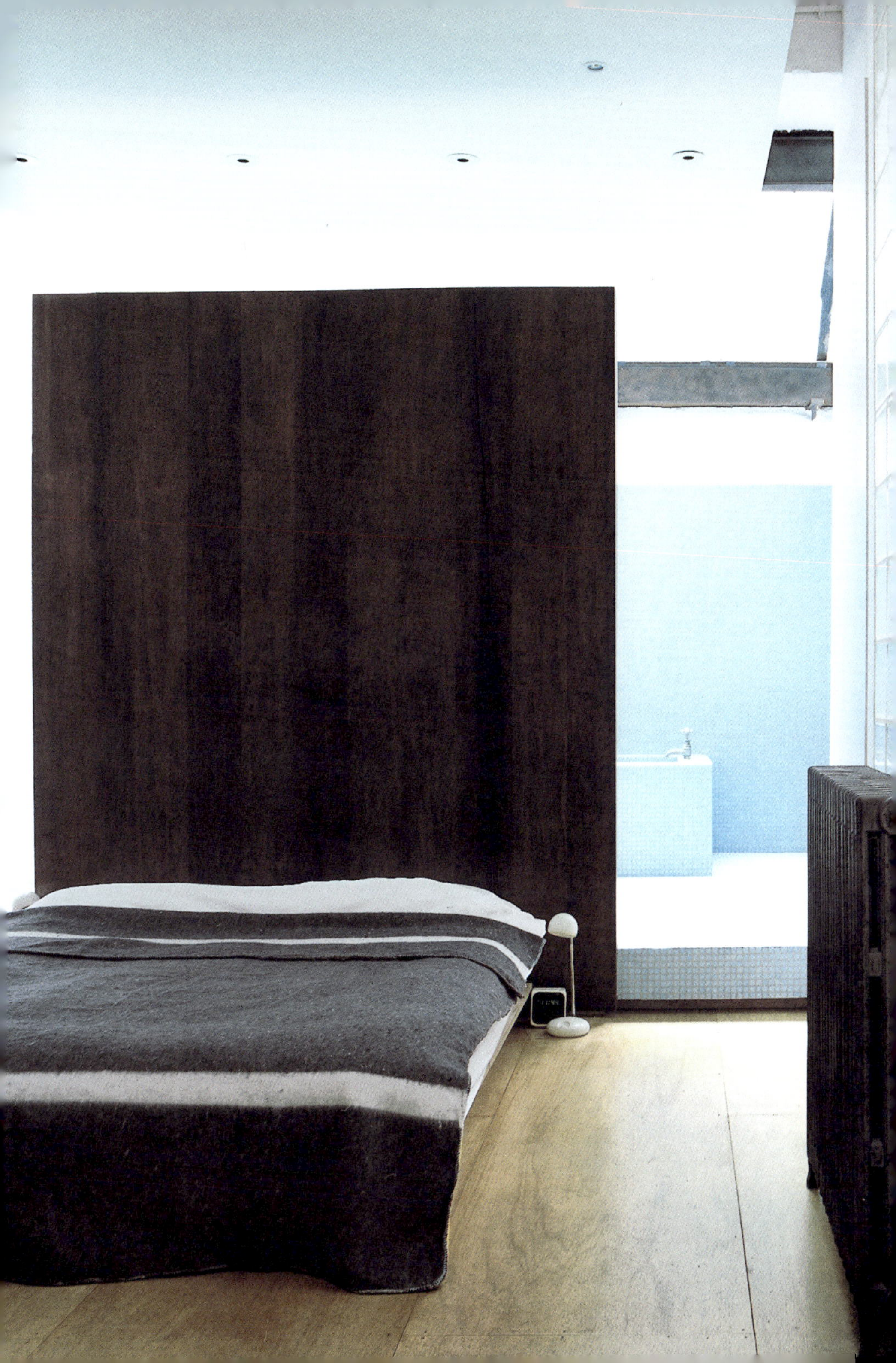

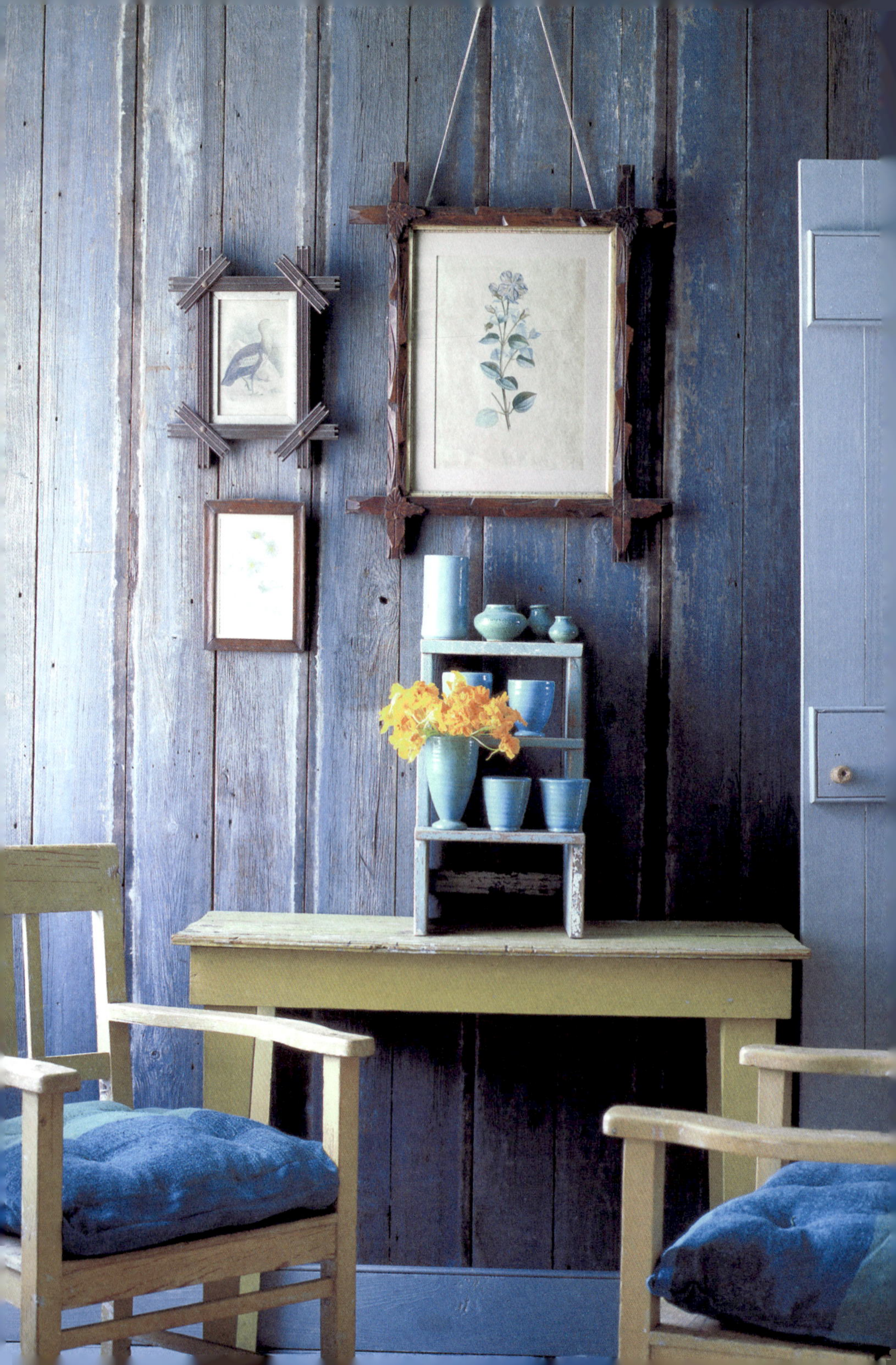

15

> "この世に、われわれを喜ばせることを目的としていない
> 草の葉は1枚としてなく、色は1色としてない"
>
> ジャン・カルヴァン

　往々にして、もっとも刺激的な色の組みあわせのもとになっているのは、強烈な文化的影響であり、構築環境や食物、あるいは自然です。ここにご紹介するのは、まさに地球規模のパレット——石と海と大地と空の色からなるパレットです。

42　パレット

16

"あなたの回りの世界で
見ることができるものはすべて、
さまざまな色の断片を
取りあわせたものとして、
あなたの目に映っているに
すぎない"

ジョン・ラスキン

　生気に満ちた自然界に、インスピレーションの源が無数にあるように、生気のない自然界にもまた、インスピレーションのわきおこる瞬間はあるのです。たとえば大火災のあとで、黒焦げになり、くすぶっている焼け跡の色を目にしたときなどのように。

　この写真の部屋のオーナーは、色彩設計をする際、おそらく無意識のうちに、毎朝目にする暖炉の火床をもとにしていたのでしょう。灰やクリンカー、薪の燃えさしの色が見てとれます。とてもよくできたパレットです。

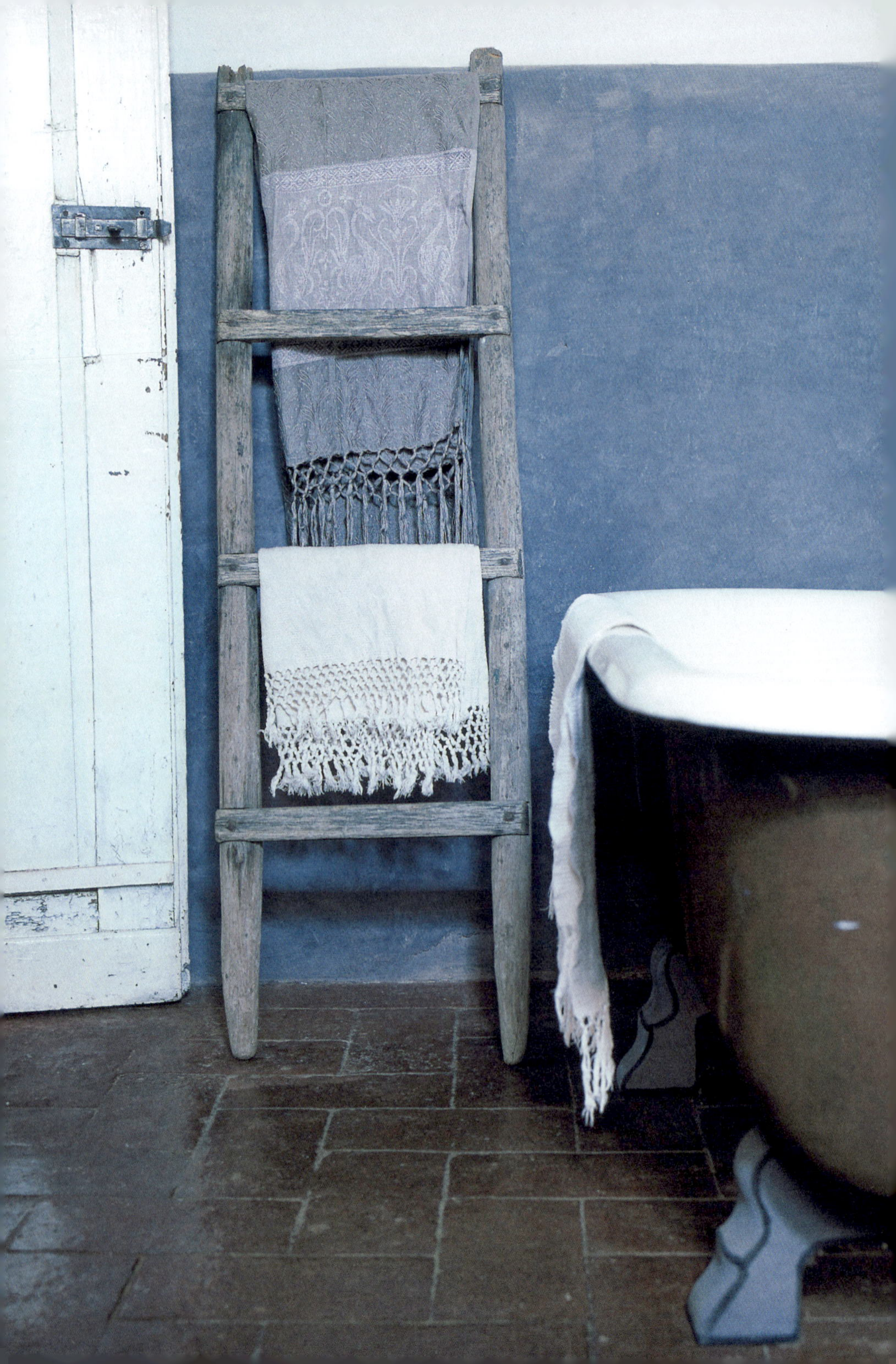

17

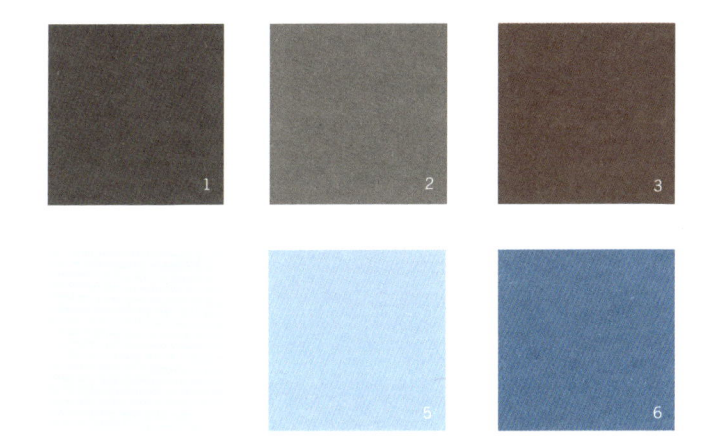

*"考えうる、もっともしっかりとした色彩効果を探し求めよ。
どんな色を使ってもかまわない"*

アンリ・マティス

"同感"

ケビン・マクラウド

　まるでわざとふざけるかのように、許容範囲ギリギリにまで色と色との関係を追いやったかに見えるパレットを目にすることがあります。このパレットがそうでしょう。表面的には、"趣味のいい"パレットに見えるかもしれません。けれど実際には、ブルーとブラウンの関係に踏みこんで、これらの色を執拗なまでに繰り返し使用しているパレットなのです——床のタイルや、自らの意志のみでしがみついているかのように見える、まだらに塗られた壁の色、さらには、意表をつく色に塗られた浴槽の足から、泥を彷彿とさせる色の浴槽本体にいたるまで。これは、執念深いまでの凝り性からなされた組みあわせです。上質なフレンチブルーと、クールなローアンバーのブラウン。そんな強烈な2色の取りあわせを受け入れられるのであれば、この2色は、とても素敵な配色になります。

パレット　45

パレット

18

"真の完全は不完全のように見えて、その実完璧に完全である"
老子道徳経

　前のページのパレットでは、まだらに塗られた壁の色が、色彩設計全体における重要な役割を果たしていました。まるで、壁に色を押しこむことで、そこから生き生きとした雰囲気を引きだしているかのようだったでしょう。けれどこうしたまだら色の効果は、往々にして効きすぎてしまうことがあります。ただ幸いなことに、1980年代にはじまったまだら色の流行も、1990年代までで終わりました。それゆえ今は、奇抜な水性塗料を塗られた美容院か、ビクトリア朝をテーマに、ラグローリング(まだら模様の効果をだすために、布を壁などに押し当てるようにして塗装していく装飾法)仕上げを施したパブの洗面所に、その名残を見るだけですんでいます。

　だからといって、まだら色や、"わざと古く見えるように加工した"色を決して使うべきではない、というわけではありません。とんでもない！　左の写真の部屋は、すべての塗装面が不完全です。どれもこれも、古ぼけて見えるか、色が擦れています。もしかしたら、盆栽のように見えるブロッコリーに負うところがあるのかもしれませんが、それでも、まだらに塗られたブルーと、木質感たっぷりのブラウンに占められたこの室内には、老子道徳経に説かれる静謐が満ちていると断言することができます——この部屋からは、大地と空を感じられるのはもちろんのこと、小さな土くれの質感や、空にたゆたう薄い霧まで思い浮かべることができるのです。

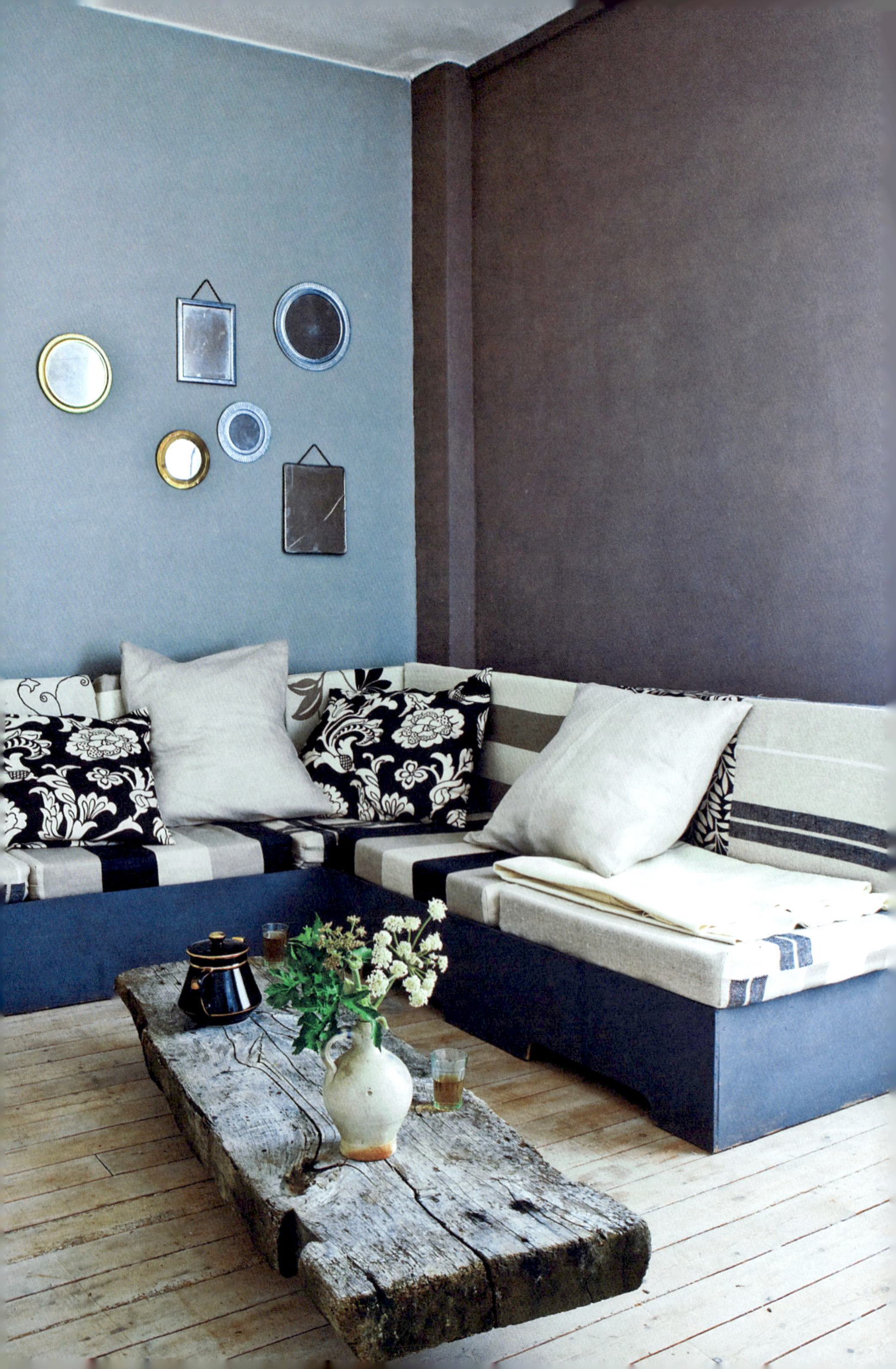

19

"この地の太陽は強烈で、さまざまなものが、黒と白にとどまらず、
青や赤、茶や紫といったシルエットを
浮かびあがらせているかのごとく見えます"

ポール・セザンヌ（カミーユ・ピサロへの手紙）

　本書ではここではじめて、ブラウンとパープルという、ともにまとめ役である、自己主張の強い2色が出会い、組みあわされています。もっともブラウンといって目に飛びこんでくるのは、テーブルがわりの分厚い流木と、いかにも実用一点張りといった感じの床ですし、パープルも、ことさら魅力的な色とはいえません。実のところ、パープルというより、くすんだグレーといったほうがいいくらいでしょう。けれど、この2色をともに用いることで、種々雑多なキャンディの詰めあわせを思わせる、この部屋に配されたさまざまなブルーやブラックやホワイトがたくみにコントロールされるのです。正直にいうと、この2色なら、どんな色の組みあわせでもきちんとまとめることができるでしょう。ブラウンとパープルは、落ち着きがなく、攻撃的で、傍若無人な色の集まりに調和をもたらすことのできる、すばらしいコンビなのです。

20

"色彩は、光の苦悩であり、喜びである"
ヨハン・ヴォルフガング・フォン・ゲーテ

　わたしは、学校で学んできたことから、色の好みにかんして、いくつか重要な結論に達することができました。そのうちの1つが、そう、女の子はピンクが好き、というものです。とはいえこれも、7歳か8歳ぐらいまでにかぎられたことで、その次はさまざまな色あいのパープルが、1番の座を占めることになります。それゆえ、多岐にわたる女の子むけのおもちゃのなかには、ライラックピンクといった微妙な色あいのものが存在するのです。くわえて、6歳といった早い時期からブラックを好む、一風かわったゴシック趣味の女の子も必ずいることでしょう。

　そういったことすべてが、このパレットの魅力を説明してくれているかもしれません。これは、グリーンがかったブルーとピンク、パープル、ライラック、そしてブラックを、品よく取りあわせたパレットです。この色彩設計には、女性の心を惹きつけずにはおかない魅力があますところなく含まれています。もちろんわたしとしては、どこであれこの部屋のそばにいるところなど絶対に見られたくありません。なんといっても男ですし、好きなのは、エンジンオイルや掘削具やコンクリートの色ですから。

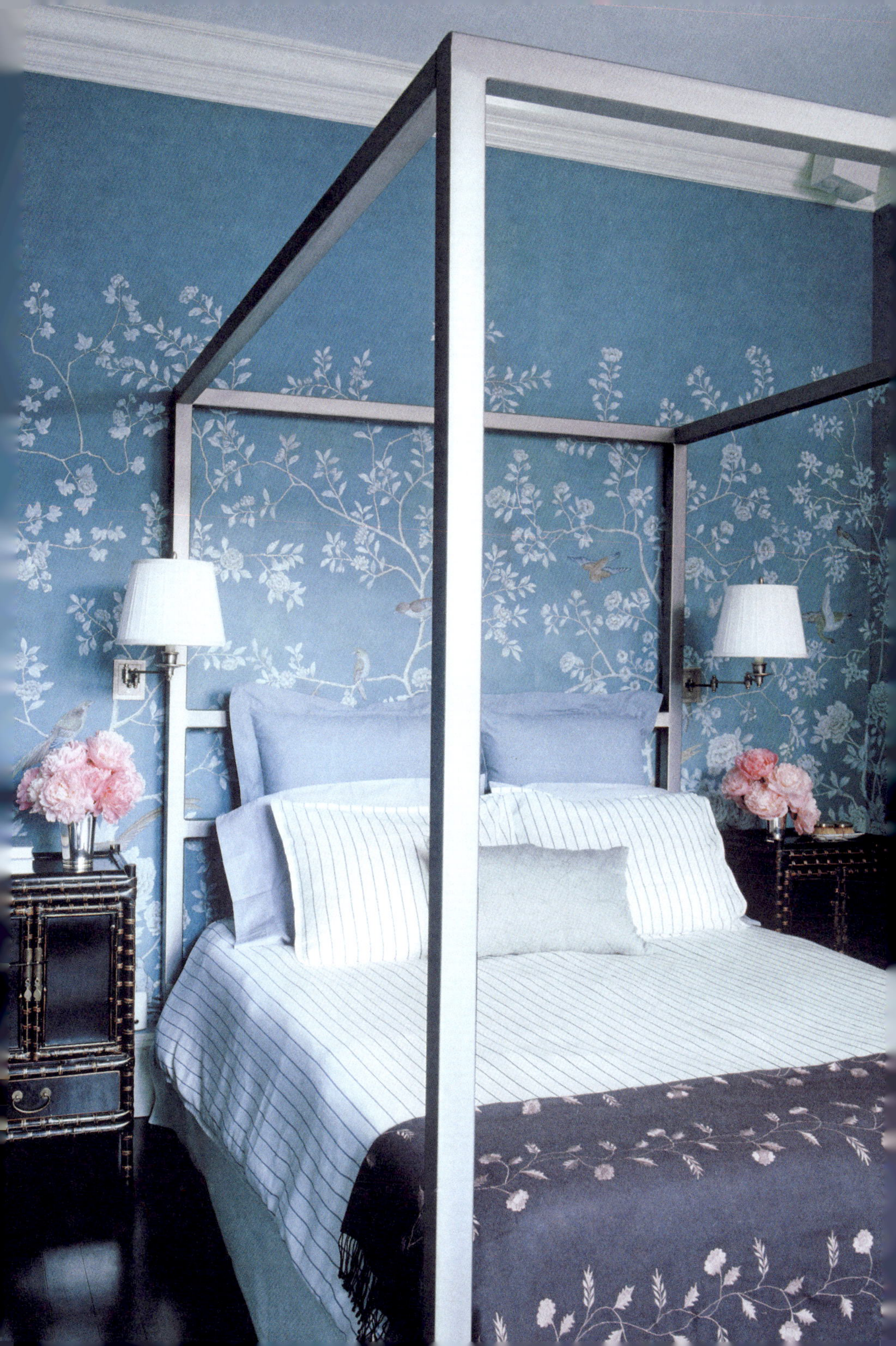

21

> "ああ!〈神秘的で、深く、美しいブルー〉
> どこかのだれかがたたえし空そのものだ"
>
> バイロン卿

　20世紀半ばまで、人工的につくられる色は、そのほとんどが岩石や植物に頼っていました。1860年代および1870年代に、コールタールから発見された化学物質により、新たに登場した染料は、モーブ、メチルバイオレット、マゼンタ、フクシンなどです。けれど実のところ、塗料がほしいときには、鉱物を粉末にしてつくっていました——ちなみに通常は、コバルトや銅、鉄、クロムといった金属を混ぜあわせたものです。

　また、布を染めたい場合には、植物エキスを利用していました。たとえば、赤く染めたければアカネを、青く染めたければ大青（タイセイ）やインディゴを使っていたのです。この大青とインディゴは、化学的には同一の染料で、同族植物から採れます。ベッドカバー用の染料や、壁の塗料は、インディゴと大青を使った昔ながらの製法のものが、小さな工房でいまだに生産されていますが、現在では、合成インディゴが簡単に入手できます。

　けれど、このような植物の力を秘めた数々のブルーの存在がなくなることはありません。それにおそらく、無漂白のリネンにあわせるのに、これ以上のいい色はないでしょう。

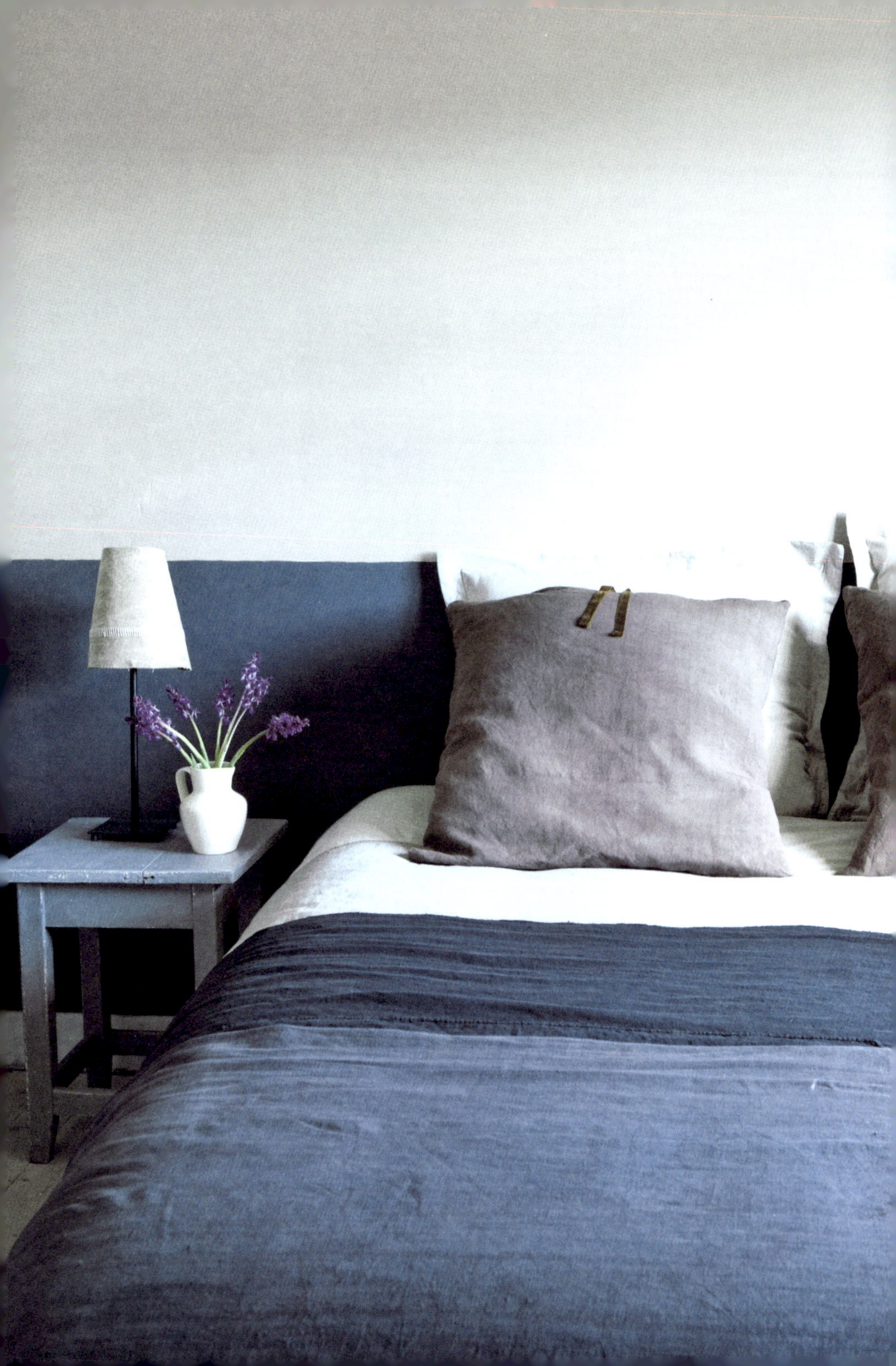

22

> "われわれは、形式や方式にのっとったある種の色には慣れており、
> それを当然のこととして受け入れている。
> そして、その慣れを打ちやぶるために、
> あえて多少の危険を冒すことになるだろう。
> しかしすぐに、それも容易に受け入れるはずだ"
>
> リー・クラスナー

　正真正銘のブラックなどありません。確かにアニッシュ・カプーアの作品――黒いベルベットで覆った穴のようなもの――をのぞきこんだり、石炭置き場にいる黒猫を見たときなどに、衝撃を覚えることはあるでしょう。そういった黒は、本物のブラックに近い色といえますから。けれど、それ以外のものはすべて、1滴の色から浸出しているのです。白熱電球の下では、ブラックの塗料はブラウンのように見えますし、北部の青空のもとでは、インクのようなブルーへとその色味をかえます。室内に塗った塗料を反射しても、ブラックの色あいはかわってくるのです。

　したがって、正真正銘のブラックを探すのはあきらめ、かわりにとても暗い色を使ってください――そのほうがはるかに得るものも多く、さまざまな矛盾も大目に見ることができます。この部屋の色は実ににぎやかですが、静かに行儀よくしているよう、葬儀場で使われるブルーに釘をさされているのです。

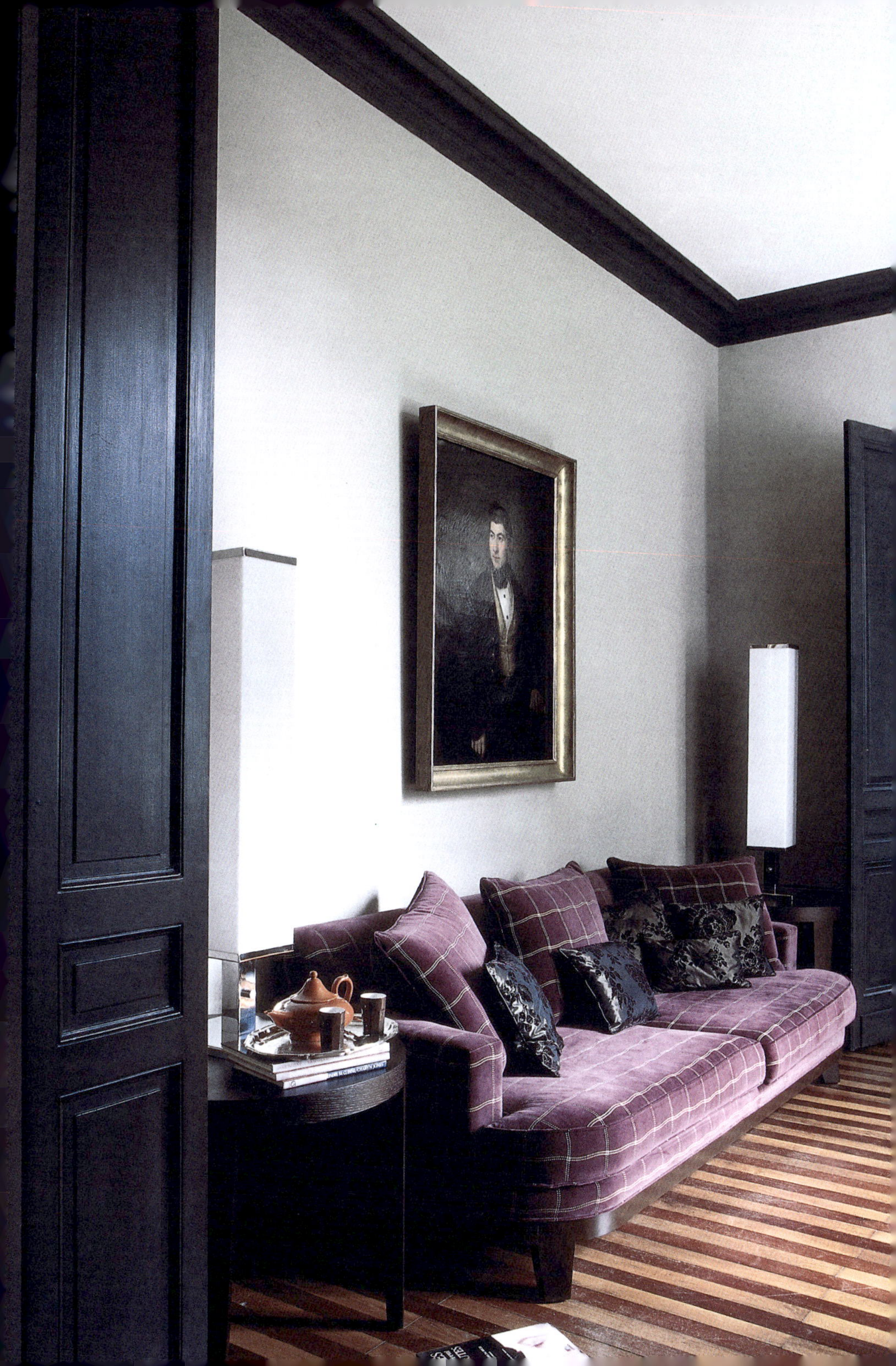

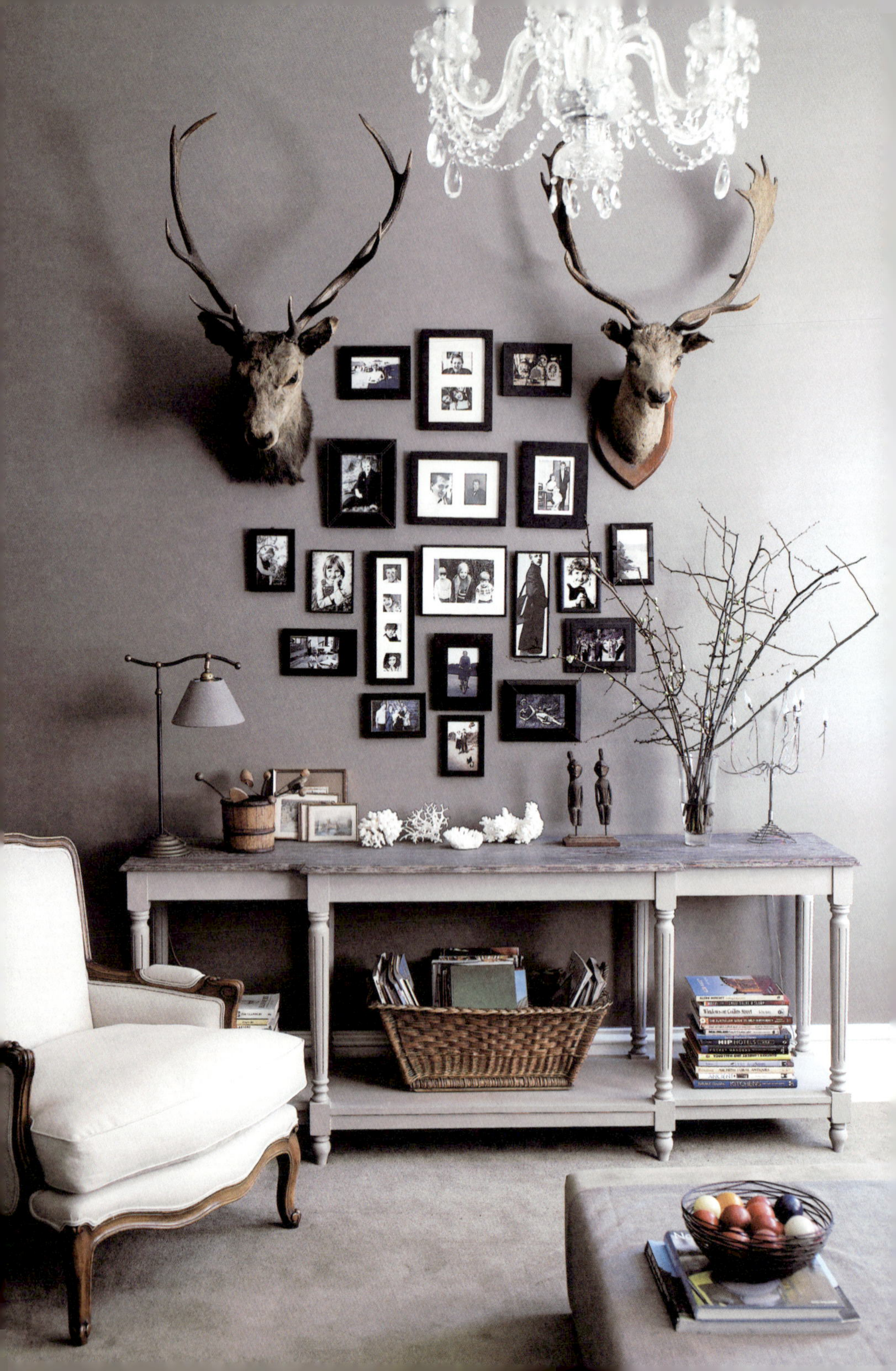

23

> "色は詩の言葉。驚くばかりに美しい。
> それについて話せるのは光栄だ"
>
> キース・クラウン

　7と10のパレット(p.24およびp.31をそれぞれ参照)をご覧になれば、グリーンがかったグレーが、建物のなかでどれほど効果的に機能しているかがおわかりになるでしょう。こうしたグリーンがかったグレーには、ブルーがかったグレーには見られない、生き生きとした複雑な魅力があります。一方、ブルーがかったグレーのほうは軍事的な色で、第1次世界大戦下における戦艦の迷彩塗装においてその真価を発揮しました。けれど、本当に趣のあるグレー ── ここで使われているグレー ── は、パープルを帯びたものです。これは、ブラウンがかったあたたかみのある色あいで、肌の色味を引き立て、天然の木材を際立たせてくれます。人気のある色ではありませんが、そうなってしかるべき色です。

24

> "われわれはたんに、絵筆で色を添えていくにすぎない。
> 色を生みだせるのは、想像力だけだ"

テオドール・ジェリコー

　本書で引用している芸術家の言葉のなかには、色あいの真価に言及したものがいくつかあります。いわく、集めた色はすべて同じ色調──グレーがかっていたり、あるいはくすんだりあせた感じにしたり──に見せる、です。塗料の場合だと、通常はほかの色をたすことになります。たとえば、ローアンバーにホワイトを混ぜたり、レッドなりブラックなりを1滴入れる、といったように。色あいのバランスを整えるもっとも簡単な方法の1つは、使用するさまざまな色のすべてにホワイトをくわえて、全体をパステルトーンでまとめることです。えっ？　古い色あいの塗料がいくつかあって、どう使えばいいのかわからない？　そんなときは、ホワイトをくわえてみてください。そうすれば、最初からまとまりよく使えるようデザインされたのかと思うほどのカラーパレットができあがるでしょう。

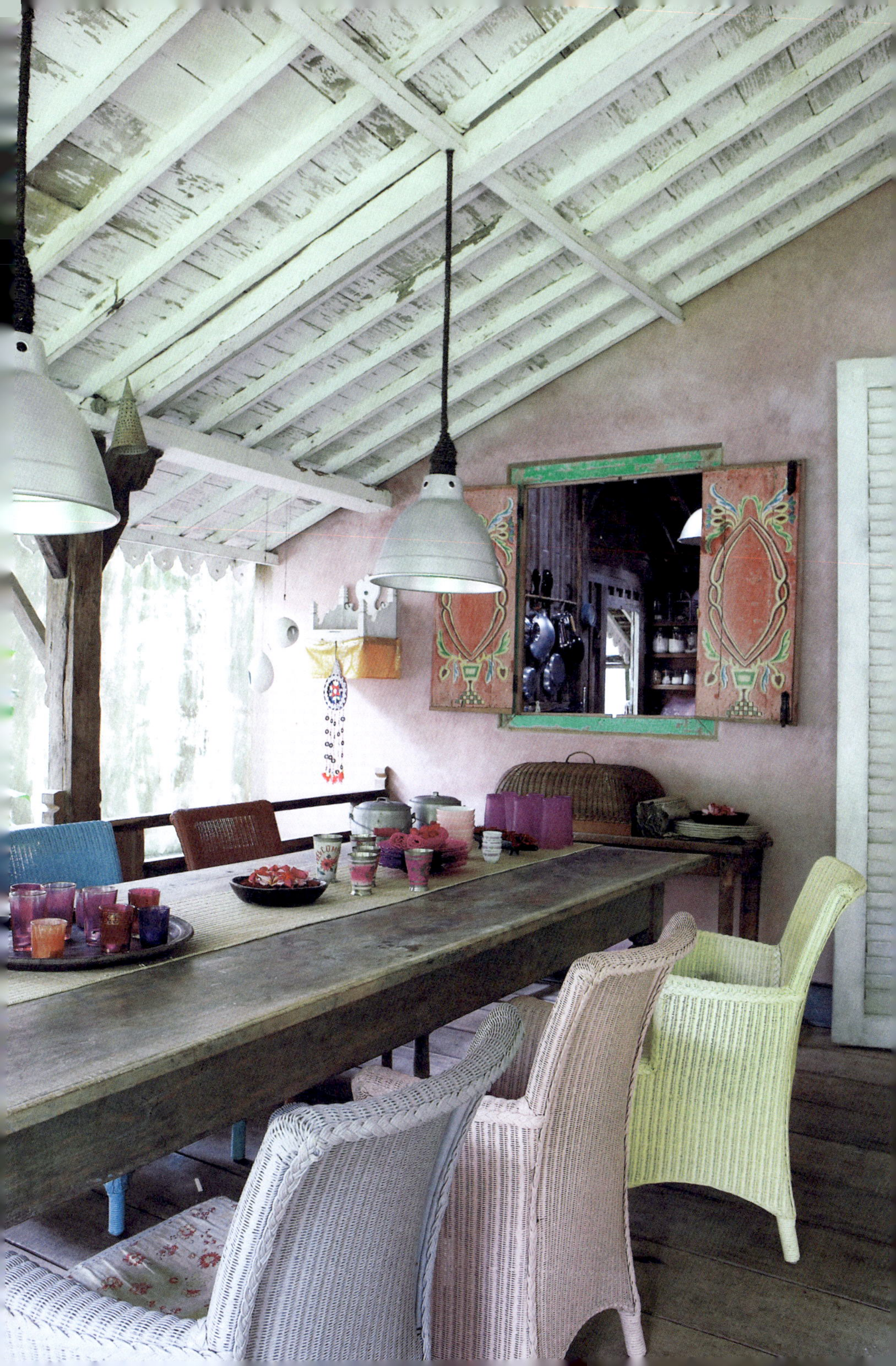

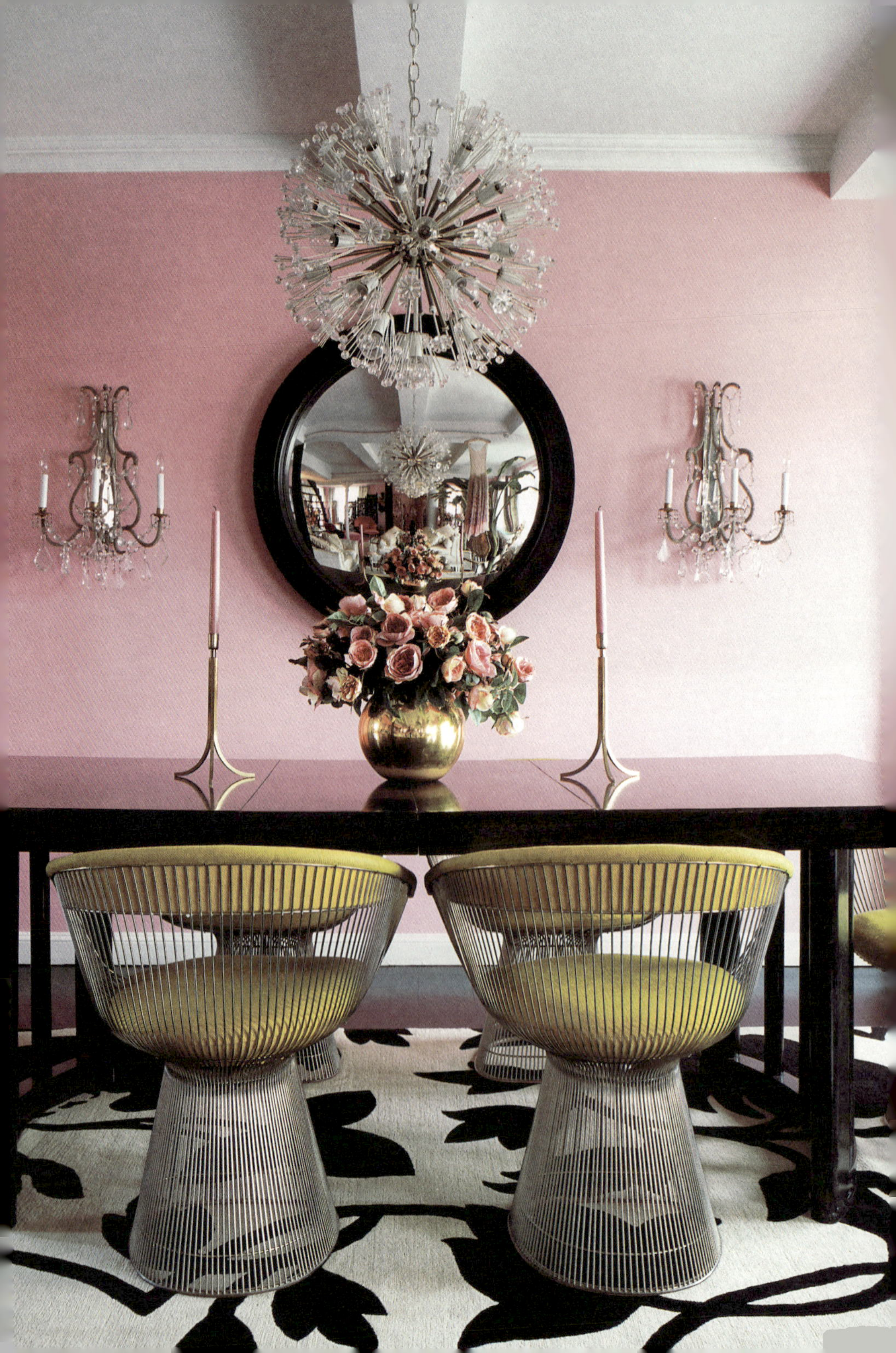

25

"われわれがこれまで説いてきたように、
思考とは、ありとあらゆるものになる力によるものである一方、
ありとあらゆるものをなす力によるものでもある。
これはいわば、光のごとき絶対的な状態だ。なぜなら、
ある意味で光は、潜在的な色を現実の色となすのだから"
アリストテレス

　正確に表現するのがもっとも難しいのは、まちがいなく、149ページに掲載したカラーモデルの光の4原色(レッド、ブルー、イエロー、グリーン)の色あいです。現在使用されている塗料の大半の着色に利用されているのが、品質はいいものの、色味には限界のある合成染料なので、ペールグリーンやペールブルー、クリームやピンクといった色を、子どものおもちゃ製造工場でつくられたかのごとく見えないようにするのは、できそうにありません。

　けれど、くすんだ、昔ながらの土の顔料や、染料を複雑に混ぜあわせたものでつくれば、趣のある色ができます。最高のピンク──照明の条件に応じて色をかえるピンク──は、赤色酸化顔料でつくられる、レッドとパープルのちょうど中間の色です。最高のイエローまたはクリーム色──北国のブルーがかった光に屈することなく、決してグリーンに見えたりしない色──は、イエローオーカーでつくられる色か、もしくはイエローオーカーに近い色になります。覚えておいてください。

26

> *"わたしの好きな色は、
> 〈完全な一体性(アウトライトトータリティ)〉のやわらかな色調だが、
> 〈自然環境(ハビタット)〉の色あいや、
> 〈潜在意識(サブコンシャス)〉のすばらしい色使いにも、しばしば心惹かれる"*
>
> ジャック・ベセリー

　ブラックとホワイトは同じ室内に配されると、このうえなく荒々しく、よそよそしい組みあわせに見えかねません。ロシアの画家マレーヴィッチの作品においてはすばらしい組みあわせでも、室内では、寒々しい雰囲気になるのです。したがって、ブラックに近い色とオフホワイトを混ぜあわせるほうがいいでしょう。あるいはベージュでもかまいません。ブラックとピンクの組みあわせもあり得ます。または、ピンクとグリーンがかったグレーでも——これは、一方(レッド)の色あいを薄め、なおかつもう一方(グリーン)の色あいをかえることで補色同士を組みあわせる、すばらしい方法です。

　でなければ、右の写真のように、これまで述べてきたことを全部やってみる、というのもおすすめです。

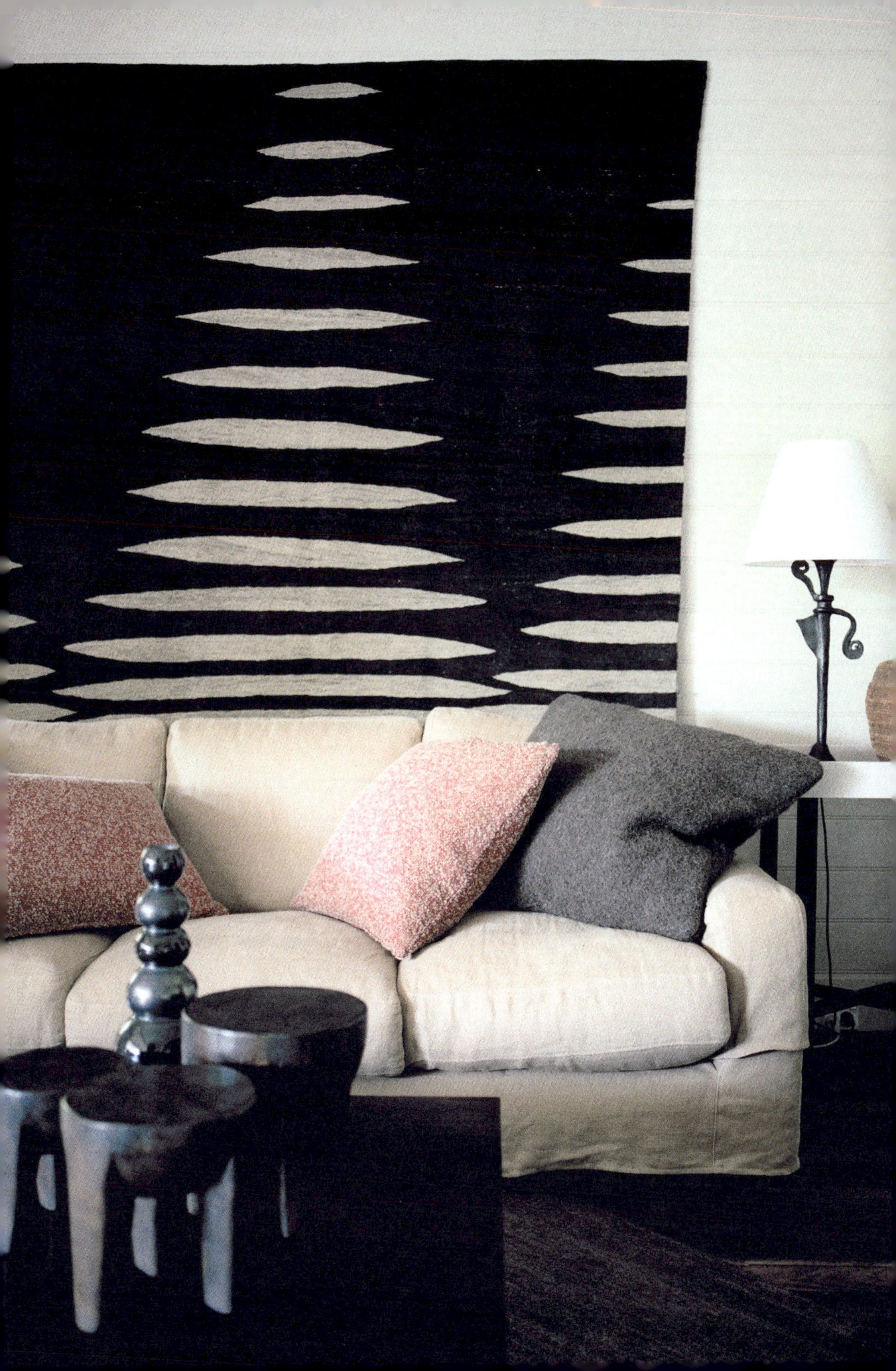

27

*"わたしは色から入っていく。
すると色は、形同様、それぞれの観点から必要なものを
わたしに指図しはじめるのだ"*

リー・クラスナー

　色はときに、白っぽく微妙なトーンにかわり、もとの色を思いだして、再現するのが難しくなることがあります。"シラピテ"という商品名もある、仕上げに塗るしっくいは、塗ったばかりのときはブラウンですが、乾くと、淡いアースピンクになります。コンクリート(製の浴槽)や木材(でできたはしご)を均一に塗るのに秀でているのはもちろんのこと、(水差しやソープディッシュ、ゴム栓など)どんなものでも、単色を均一に塗るのに適しているといえるでしょう。

　しかしながら実のところ、この写真は62ページの手法——ピンクとグリーンという補色同士をあえて組みあわせるもの——の延長線上にあるのです。このページでは、ピンクの土壁とグリーンがかったセメントという色あいのなかに、その手法がそっくり表現されています。

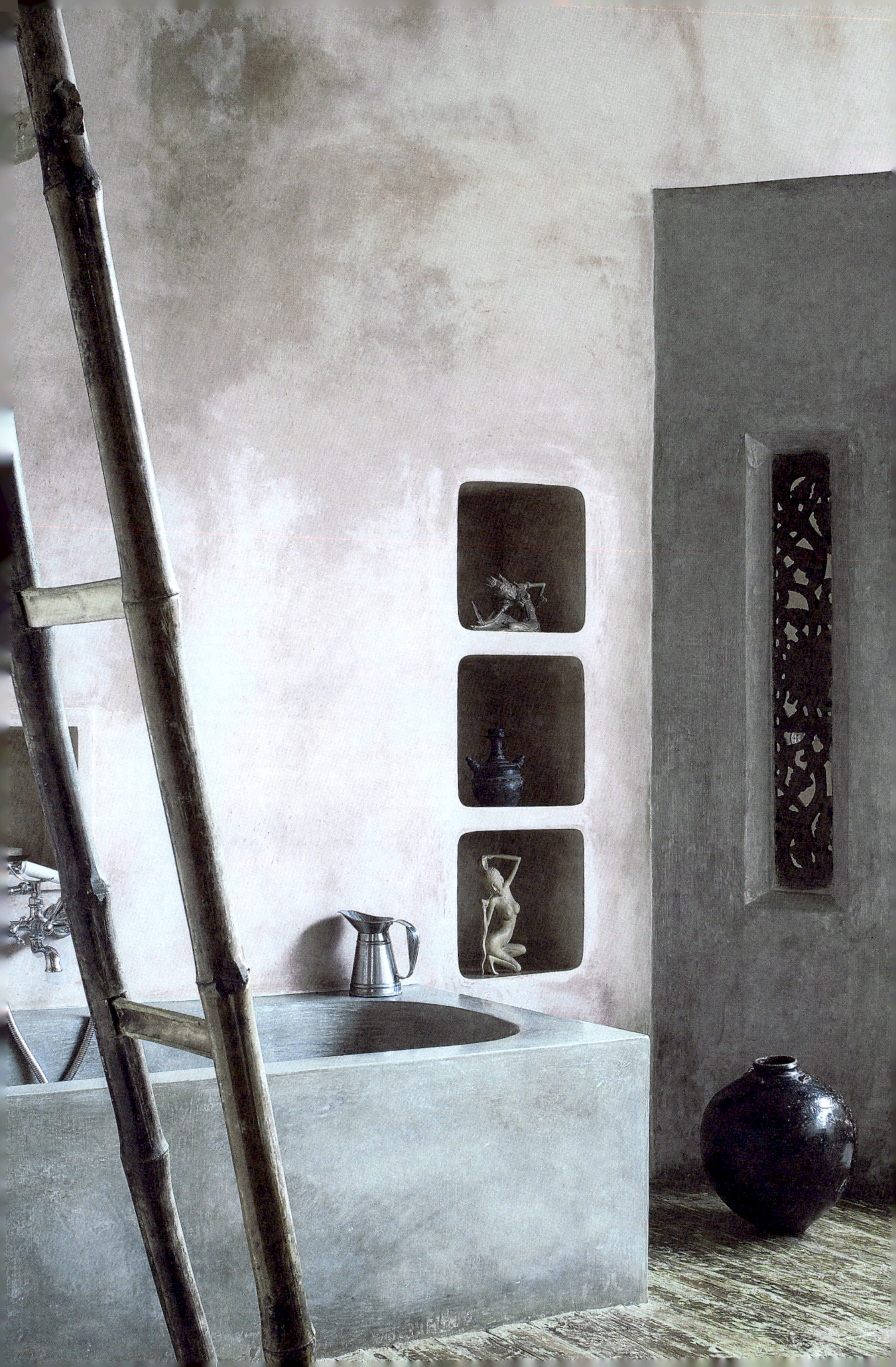

1

2

3

28

*"照らしだされるものの色は、
　それを照らしだすものの色を帯びる"*
レオナルド・ダ・ヴィンチ

　もしあなたが北半球に住んでいるなら、ブルーがかった光──雲間から差しこむ光に慣れていることでしょう。イギリスはどうやら、ほかの欧州諸国にくらべて、雲が一段と低くたれこめているようです。それゆえイギリスの芸術家やデコレーターは、ブルーの光のスペクトルを受けて揺らめく色の扱いに長けています。カスプ・カラー（ブルーがかったもの／グリーンがかったもの／ブラウンがかったもの／くすみを帯びた色）や、クールなピンクなどです。もちろんブルーも。さらにいうなら、アースピグメント（大地に含まれる鉱物からなる顔料）もほとんどすべてそうでしょう。

　つまるところ色は、物体なりなにかの表面なりの特性としては存在しません。それは、わたしたちの想像の産物であり、ものの表面に反射する光──表面に吸収されない光に応じてかわるものなのです。したがって、光をかえれば、色もまたかわります。

パレット　67

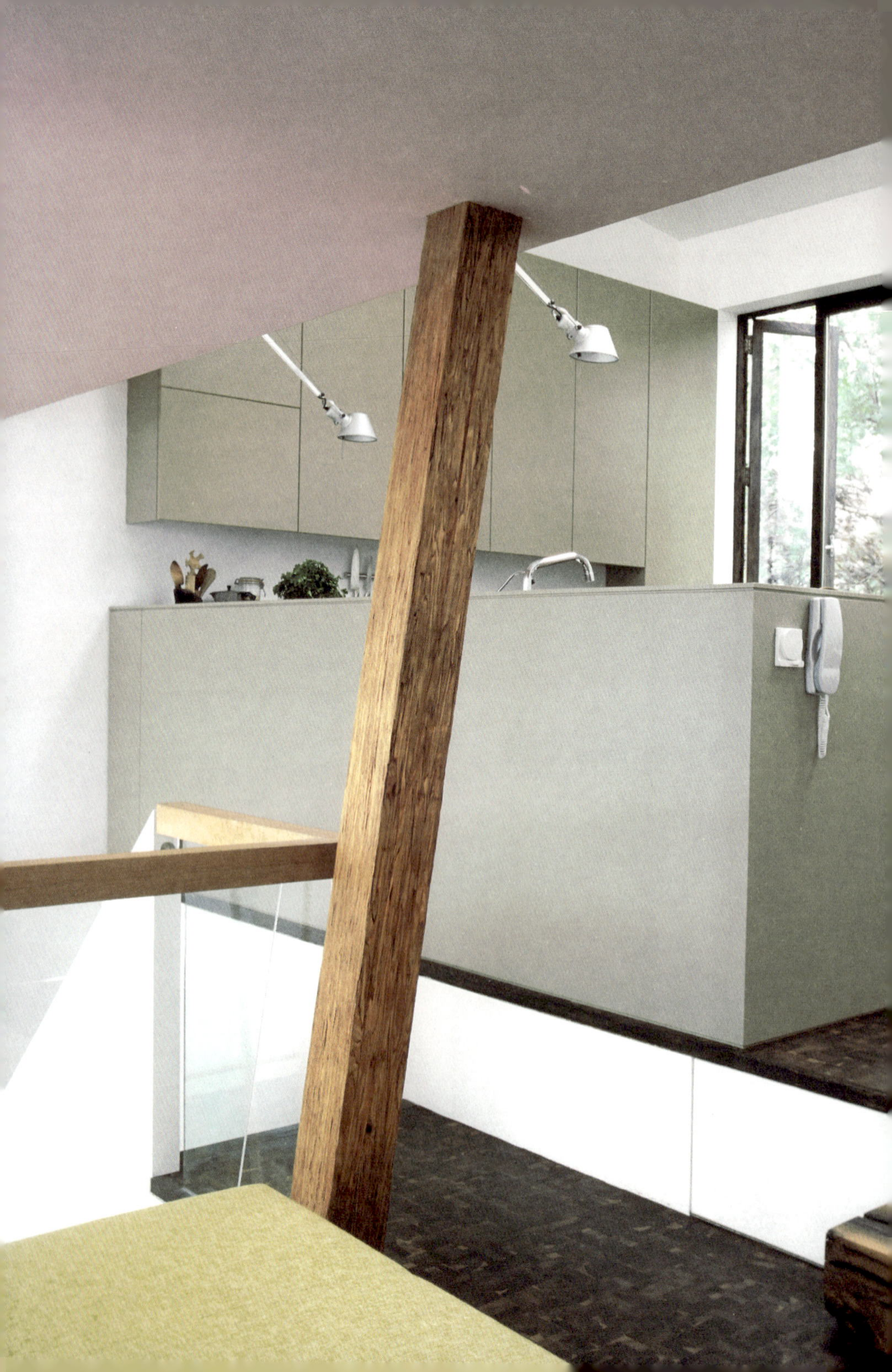

29

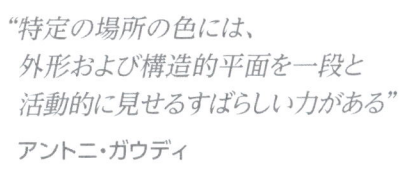

*"特定の場所の色には、
外形および構造的平面を一段と
活動的に見せるすばらしい力がある"*
アントニ・ガウディ

　補色の関係が、空間を明確にします。この写真には、色の織りなす2つのトライアングルが見られます。いずれも、パープルとグリーン・イエローという落ち着いた色あいの補色の組みあわせで、この関係こそが、写真の空間を明確にしているのです。

パレット　69

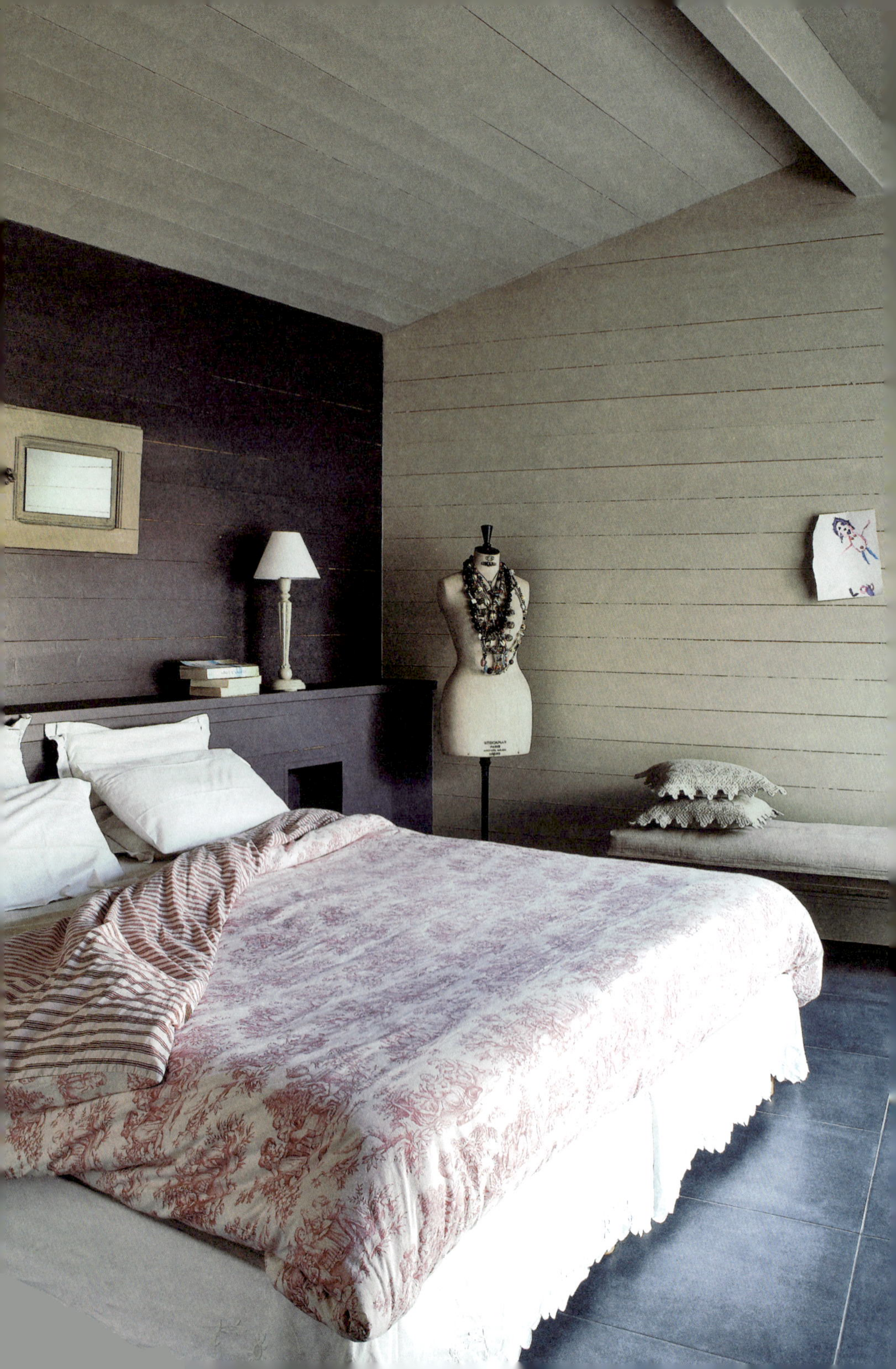

30

"われわれがカラリストを認識するのは、
　色の混ぜ方や選び方ではなく、
　色の形およびその形の組みあわせによる。
　色は、形をなすときはじめて肝心なものとなるのだ"

クライヴ・ベル

　パープルとグリーンのぶつかりあいは、前のページよりもこのページの写真のほうが、一段と激しさをましているように見えます。けれどここでは、イエロー・グリーンの色調が、グレーを帯びることでぐっとおさえられているため、パープルが引き立ってきているのです。その上パープルのそばには、味方ともいうべきブルーとピンクが配されています。ただしどちらの色も、この写真を見るかぎり、その色味がわずかながら打ち消されているようです。ブルーはグレーがかり、ピンクは、パターン化することで分断されているからです。一方でグレー・グリーンは、鏡のフレームやリネンの色に多少とも助けられています。

　色と色とのあいだで、こうした熾烈な戦いが繰り広げられていようとは、夢にも思わなかったでしょう。

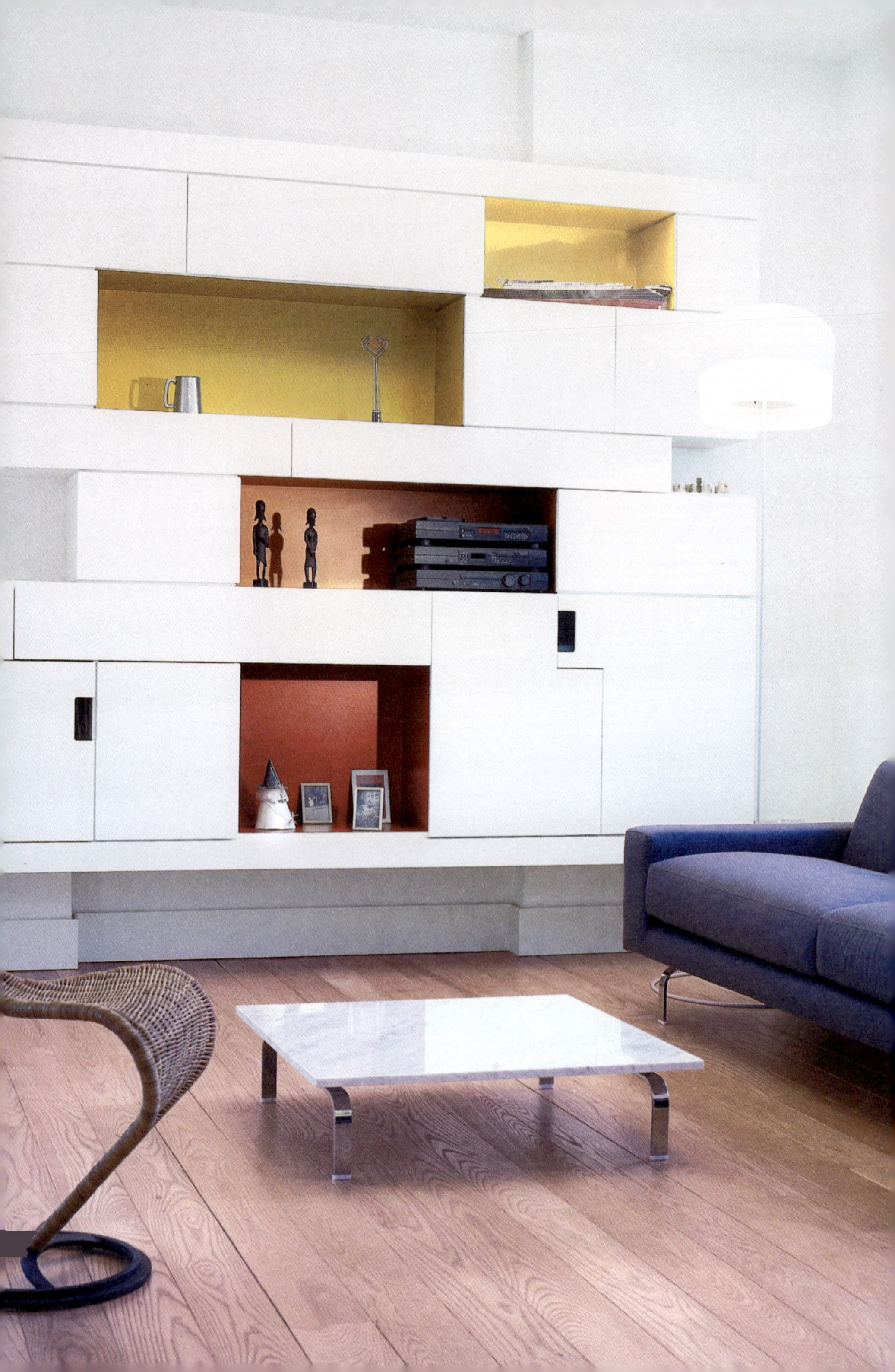

31

"西部といえばまず色だ。
その色は、植物的というよりも動物的で、大地と日光と成熟の色だ"
ジェサミン・ウェスト

　ホワイトとブラックは、ことのほか刺激的な組みあわせを形成することはないかもしれませんが、ホワイトに色をプラスすれば、それも可能でしょう——すでにできあがっているキャンバスに、ほんの少し色あいをくわえるのです。ただし、それも難しいというのであれば、より心安い生活を送れるようにするべく、せめてくぼんだ部分にのみ自力で色を塗る、というのはどうでしょう？　これなら、失敗せずに成し遂げられます。色は、どうあがいても、くぼんだ部分からでることを許されないのですから。しかもこれらは、ひときわ目を引く、あざやかな色あいというわけでもありません。ここで使われているのは、レッドやイエローの複雑なアースカラーです。わたしとしては、このうちの少なくとも1色を、壁1面にたっぷり塗りたい気分です。

32

"それぞれの色が、似ても似つかない色のとなりに配されると、
その絵は味わい深くなる"

レオン・バッティスタ・アルベルティ

　ホワイトかブラックかグレーかブラウンをくわえれば、ありとあらゆる色のトーン——色調をまとめることができます。あるいは、その色の補色を配してもいいでしょう。それが、このページの写真です。どの色も、パウダーシュガーをまぶしたかのように、色あいが明るく、やさしくなっています。それをふまえ、さらにおいしそうなたとえを使うなら、このページの色はどれも、梨の香りのするものから、せき止めのドロップまで、さまざまなキャンディの色といえるでしょう。

　けれど、それだけではありません。というのも、これらの色はいずれも、椅子などの室内装飾品のなかにきちんとおさまっているように見えますが、壁にも、よく似た色がまとまった分量で塗られているからです。その結果ここは、さまざまな色を帯びたものたちがおりなす、かぎりなく抽象的な空間となっているのです。

パレット 75

33

"色と色との関係、ある色が他色におよぼす影響、さらには、
 それぞれの相違や不調和をも堪能するすべを知っている人は、
 あふれんばかりの想像力を約束されている"

ソニア・ドローネ

　前のページで色調について述べたわたしとしては、さらにもう一言つけくわえたほうがいいでしょう。つまり、"色調"は色の"組みあわせ"よりも大事、ということです。この写真のカーペットは9色からなっていますが、ニードルワークとは、そのうちの4色しか共有していません。しかもこのニードルワークは、ソファやランプベースとは1色も共有しておらず、ソファなりランプベースなりも、カーペットと共有しているのはわずかに1色だけです。壁にいたっては、前述したもののいずれとも色を共有してはいませんが、にもかかわらず——魔法のような補色効果のおかげで——ほかのすべてのものを引き立てているのです。色調的に見ると、どの色も、それぞれの取りあわせのなかで、ほぼ等間隔で用いられているのがわかるでしょう。そのうえいずれの色も、奥まった場所にひっそりとあるのではなく、前面のとてもよく目立つ場所に配されているのです。

　色彩設計においては、クッションをあちこちに配することがいかに重要かについても、声を大にして述べないわけにはいきません。なにはさておき、まずクッションを買い求め、それから、クッションを中心にして、色彩設計を練っていってください。色の選択肢をもっともたくさん供してくれるのは塗料です。反対にもっとも少ないのが、室内装飾品でしょう。ですが、クッションがあれば、どんな色彩設計であれ、あざやかにまとめあげることができます。さらにいうなら、クローシェ編みにも同様の力があります。

パレット

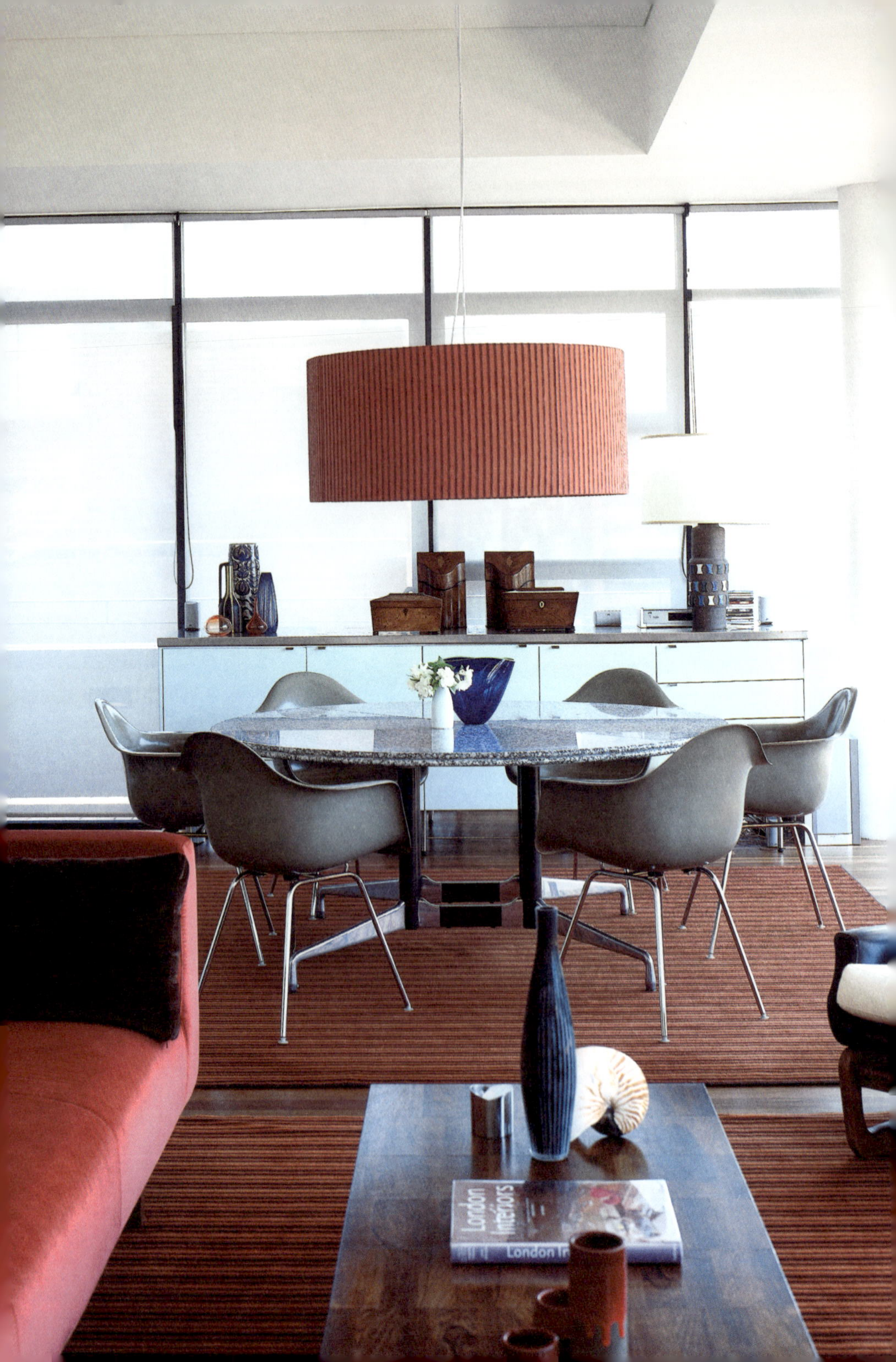
London Interiors

34

"青はどの諧調でも固有の個性をたもつ唯一の色である。
青は、いつでも青でありつづける。
しかし黄色は、陰に入れば黒ずみ、
明るいところでは見えなくなってしまう。
赤は暗くなれば茶色になり、白で薄めればもう赤ではない。
ピンクになってしまうのだ"

ラウル・デュフィ

　この縞模様の色彩設計は、アーシーレッドと楽しげに調和しています。ブラウンがかったグレーとダークブラウンをも配してあり、そこにさらにくわえられているのが魅惑的な色——クールなパウダーブルーです。まさに驚きの配色といえるでしょう。

　ブラウンがこのパレットをまとめ、ある種の力強さを付与している一方、淡い、ガラスのようなブルーは、周囲にどんな色をも寄せつけていません。この組みあわせのなかに取り入れられたブルーは、とても得意げです。

35

"実用的なものにはすべて、
 少しでいいから赤を効かせなくてはならない"
レノ・ダコタ

　レトロな色彩設計や装飾が流行していて、それは昨今"ビンテージ"と称されいています。とはいえ、ここでいうビンテージとは、その言葉が明確に時代を限定している、いわゆるビンテージカーやビンテージエアクラフトのようなものではなく、大好きなおばさんが着古した服でつくってくれた古着や、サビの浮いてきた、1950年代の色あざやかな椅子や、ぼろぼろになった、ビニールやプラスチック製テーブルトップのことです。特に最後のテーブルトップなどは、原材料である1950年製のプラスチックが、本格的な冷戦の勃発にも耐えうるようにつくられていたので、今でも充分に使えます。

　ビンテージの再使用に用いる色は、クールなミッドブルーやアシッドイエロー、ブラック、色のあせたブラウン、力強いダークレッドです。これらの色見本は、このあとのいくつかのパレットでもたっぷり登場します。こうした色の人気は、1950年代および1960年代初期のグラフィックに少なからず端を発しています——当時の粗雑なオフセット印刷のせいで、そのころのグラフィックは、いささか陰気にして、きれいとはいいがたいイメージを植えつけられていたからです。

パレット **81**

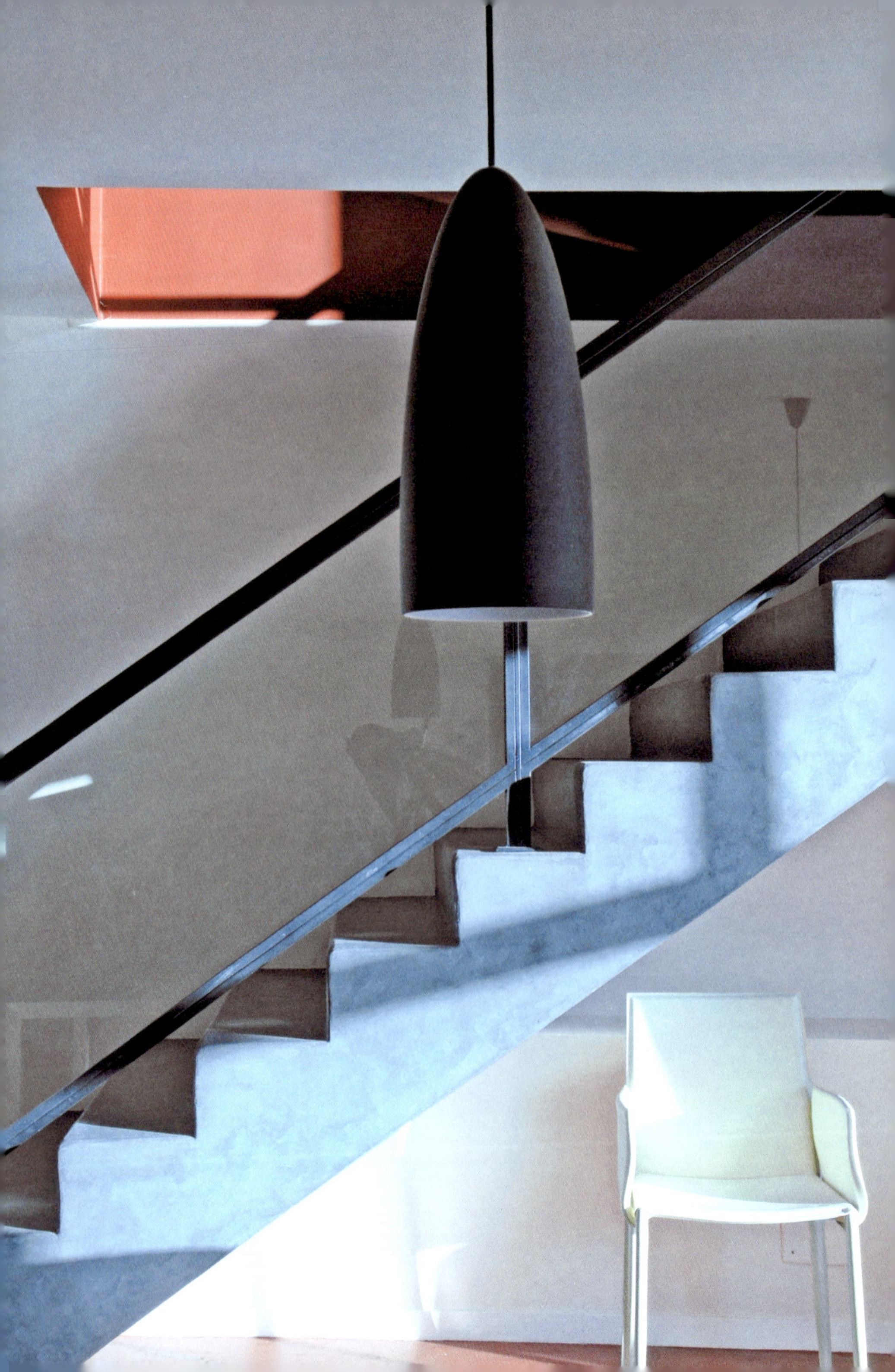

36

> "ある種の青はあなたの魂に入りこみ、
> ある種の赤はあなたの血圧に作用する"

アンリ・マティス

　1920年代のパレットには、ほかのパステルカラーとともに、79ページの力強いレッドや、洗いざらしたブルー、ライトイエローも見受けられます。これらの色はまた、初期のモダニスト建築物にも広く取り入れられました。1927年には、ドイツのシュトゥットガルトで、ヴァイゼンホーフジードルング住宅計画が実施され、マルト・スタムやル・コルビュジエ、ミース・ファン・デル・ローエらによって設計された住居群が建築され、そのなかには、ペールグリーンやクリーム、ライラックといった色を用いた家もあったのです。もちろん現代の写真は、最低限の白黒画像だけでそれらを写しだしているにすぎませんが、1929年にル・コルビュジエのが設計し、そののちパリ近郊に建てられた白いサヴォア邸におけるカラーイメージは、ふんだんに色彩が用いられた内部を如実に表しています。

84 パレット

37

"すべての色のなかで、
　もっとも力があるのはレッドだ。
　エレクトリックブルーが1つあれば、
　1ダースのレッドはさらに力をます。
　レッドを使えば、ホワイトは際立ち、
　ブロンズは一段と光り輝き、
　ブラックは一瞬にしてふき飛ぶ"

ジャック・レノア・ラーセン

　彩色を施したスラブは、室内のなにもない空間に、ある程度きちんとした構造上の変化を付与できます。ミッドブルーやペールブルーは「後退色」で、レッドやオレンジは「前進色」です。縞模様であれば、とまどいを引きおこし、視覚的効果をもたらします。

　その縞模様を、たくみに取り入れているのがこの写真です。左側に、彩色した腰羽目を配し、継ぎ目のない、グレー・グリーンのスラブを右側に持ってきているのです。そしてもちろん床面には、定番の（本書を最初から読んでいただいているのであれば、もうすっかりおなじみの）レッドとグリーンという補色のパターンから、グリーンを用います。

パレット

86　パレット

38

"彩色された平面は、
色に付与された非常にすばらしい
価値はもとより、平面そのものの
位置や寸法にもかまわず、柔軟に、
形ではなく関係のみを表現する"

ピエト・モンドリアン

　国際様式の住宅を明るくするには、デ・スティルの配色数をおさえた手法にかぎります。この手法は、モザイク模様に用いるとき、特にその魅力を発揮するでしょう。ここにブラックのラインを塗装すると、いささか場ちがいな雰囲気になりかねません——ですが、ドイツ風の住宅に住んでいれば大丈夫です。その場合は、黒く着色した木造フレームもブラックの塗装ラインと同様の働きをしてくれますから、まるでモンドリアンの絵画のなかに入りこんでしまったかのような錯覚を覚えるかもしれません。

　この写真を見ているうちに、1980年代の建築における色使いの大半が、どこに端を発しているのかがわかってくるのではないでしょうか——そう、すべて、ホワイトとブラックと原色からきているのです。

5

パレット

88 パレット

39

*"何人かの抽象主義の芸術家が
口にしている〈純然たる〉
赤など存在しない。どんな赤も、
血やガラスやワイン、
ハンターキャップをはじめ、
無数にある有形の事象に起因
している。さもなければわれわれは、
赤やその関連色になんの関心も
抱かないだろう"*

ロバート・マザウェル

　格子模様に多彩な関連色を用いれば、簡単に色彩設計を趣のあるものにすることができますし、容易に決められますから、あれこれ迷う必要もありません。パレット5は、グリーンの関連色でした(p.20を参照)。このページの場合は、レッドとピンクのあいだに存在する、フクシンとマゼンタと深みのあるレッドオーカーがおりなすおもしろいボーダーになります。

　スクリーンの画像を見なれていたり、デジタル写真を扱いなれている人にとっては、おなじみのイメージでしょう。いわば、画像がゆがんだり乱れたりして判別がつかなくなった、漠とした状態です。

40

"色彩は終日わたしに取りつき、喜ばせてくれ、責めさいなむ"
クロード・モネ

　"選り好みの激しい執着"と記されたリストで、まちがいなく上位にあげられるものといえば、昔ながらの、明るく、色味のきれいなフレンチグレーを手に入れることでしょう。けれど、専門的なことをいうなら、カゼインを用いた絵の具ディステンパーのチョークホワイトを用意し、そこにローアンバーを少量とローシェンナをほんの少しくわえることで、そういったフレンチグレーはつくれるのです。ただし、わたしが「ブラック」といわなかったことに注意してください。ブラックをホワイトに混ぜると、できあがった色はとても冷ややかになり、グレーというよりむしろブルーといったほうがいい色あいになってしまうからです。そうではなく、あたたかみのあるグレーがいいのですから、あくまでもグリーンがかったものを求め（本書の最初のほうに掲載したパレットを参考にしてください）、アースカラーから離れないようにしましょう。

　あるいは、このページに掲載したパレットのなかから、どれか1色を購入する、という手もあります。いずれも、年代物の上等なフランスワインの色あいにひけをとらない、とてもすばらしい複雑な色です。

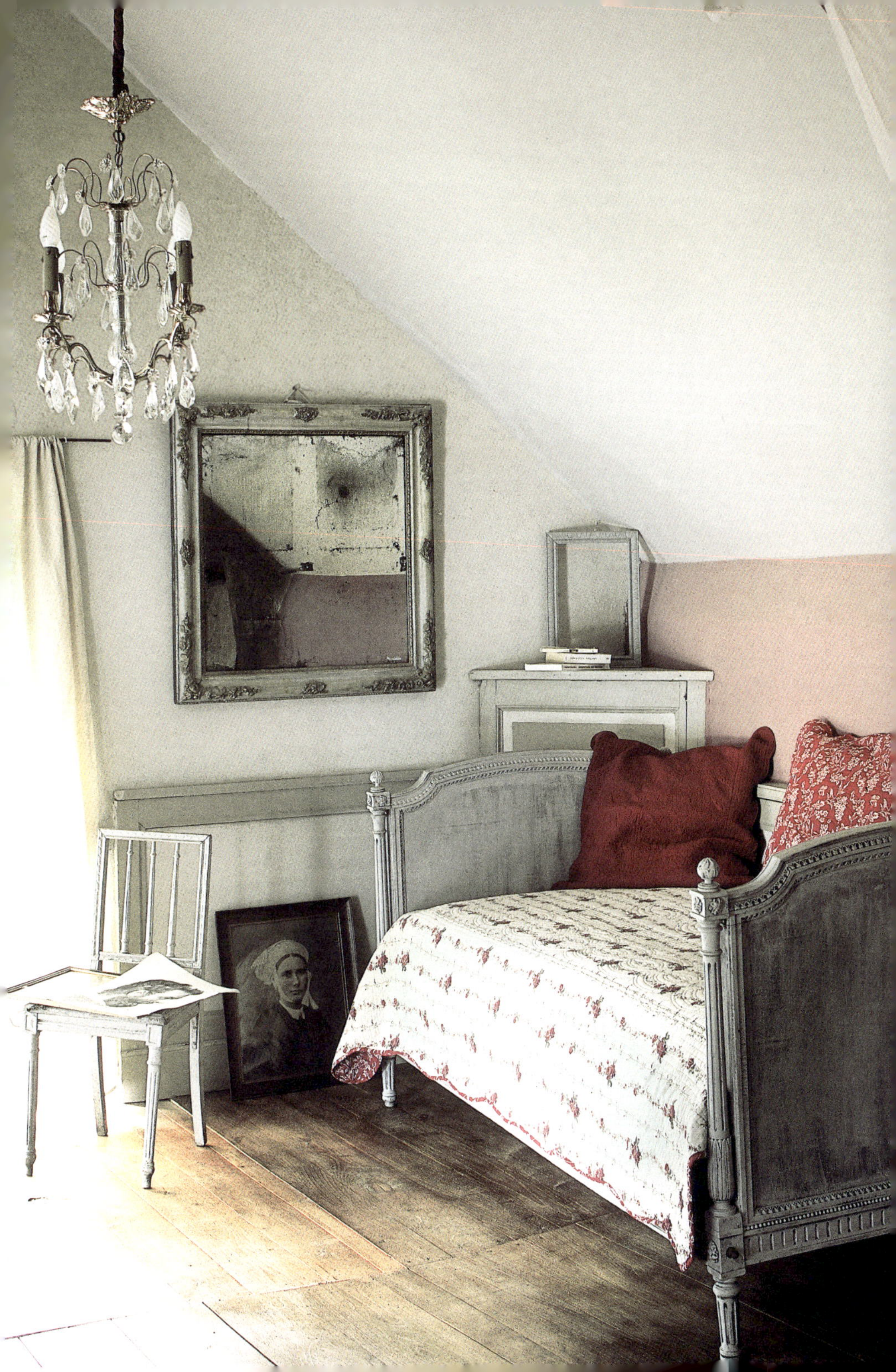

パレット

41

"わたしは1度として、嫌いな色と
　いうものを目にしたことがなかった"
デイル・チフーリ

　レッドとブルーとイエローがもっとも映えたのは、1950年代終わりから1960年代はじめにかけてでした。あるいは少なくとも、プリントされたこれらの色の美しさは、最高でした。シリアル『ウィータビックス』の箱からレゴブロックの色まで、あるいは粉末カスタードのもとが入った缶から実験住宅の室内装飾品にいたるまで、イエローはいつでも、あざやかであたたかく、情緒的でさえありました。レッドは、心の休まる、申し分のない色でしたし、ブルーは、濃い色調で安心感を与えてくれることもあれば、淡い色あいで、空を思わせてくれることもあったでしょう。

　楽天的な色、などというものがあるのかどうかはわかりませんが、この3色は、そうであるべくベストをつくしました。結局この3色は、シアンや明るいイエローやマゼンタという、技巧的で視覚的な2次色に取ってかわられましたが、実際のところこうした2次色は、この写真の色とちがって、カクテルパーティをしたくなるような色とはいえません。

パレット

42

> "秋になり、カエデの葉を1枚手にとれば、
> そこに虹の色をほぼすべて見ることができる──
> 青を見るには、想像力が必要だが"

ドルテ・アイゼンハート

　すでに述べてきたように、色彩設計において、クローシェ編みは非常に重要な利用価値がありますし、クッションをあちこちに置くのもとても賢明な方法です。それによって、家のなかや作業空間の雰囲気をがらりとかえることも可能になってくるのですから。したがって、驚くようなことではないかもしれませんが、実はラグでも、往々にして同様のことができるのです。この場合の色彩設計におけるポイントは、これまでと同じように、まずラグを選ぶこと。そののち、ラグに塗料の色をあわせていきます。あなたのご友人たちは、口をそろえていうでしょう、まずはしっかりと全体のイメージを考え、充分にリサーチをおこなったうえで、可能であるなら、塗料や内装にあわせて、奇抜なラグを選べばいいと。みんながみんな、そんなふうにまるで逆の手順を考えるはずがない、そう思う気持ちはわかりますが、どうかわたしを信じてください、みなさん本当にそう考えているのです。

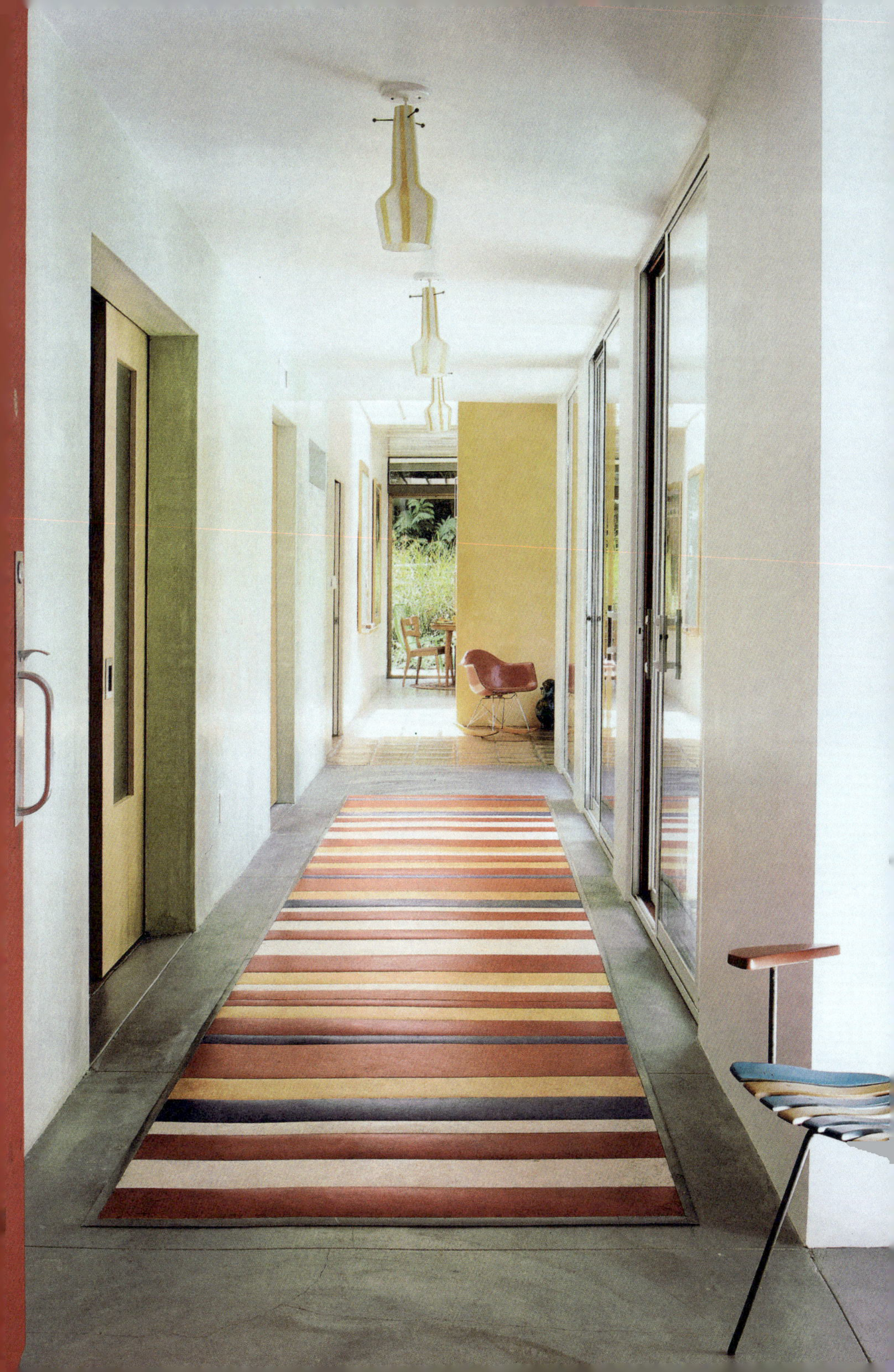

96　パレット

43

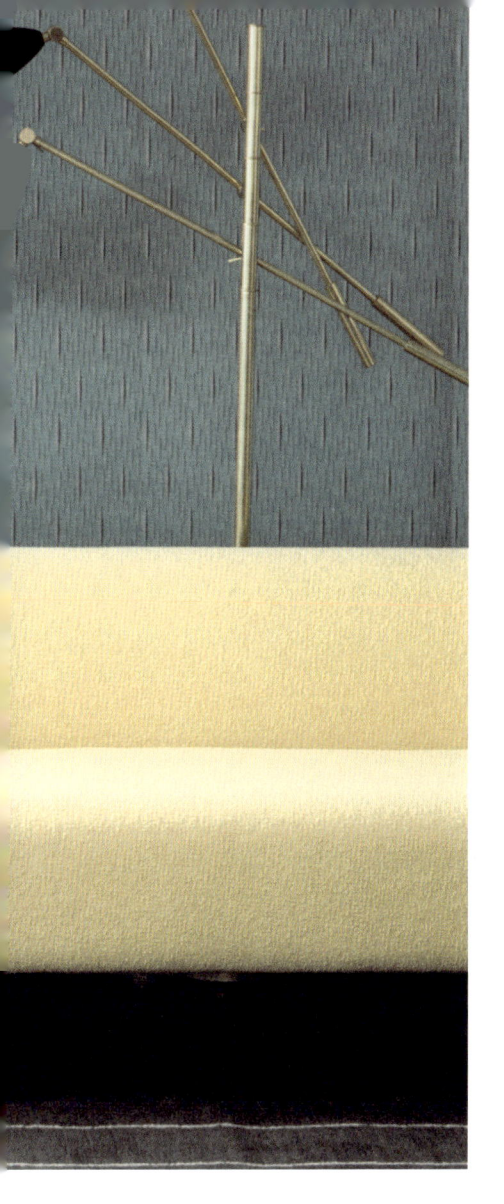

*"われわれが、色のなんたるかを
物理的に真に理解することは
決してない"*

ジョセフ・アルバース

　20世紀は、10年ごとに、特徴的なパレット、あるいは複数のパレットが見られる、といえます。1970年代のデザインだの、1920年代の建築様式だのと表現できるように、どの10年も、自分が身にまといたい色をしっかりと決めているかのようでした。もちろんこれは想像力を駆使した発想ですが、にもかかわらず前世紀には、色の物語とも称せるようなものが確かに満ちているのです。

　グレーやブラウンがかった色味ばかりだった1930年代および1940年代は、戦後、快活な色調に取ってかわられましたが、どこか違和感があり、爆発的な流行にはいたりませんでした。それが1960年代後半に入ると、今度はサイケデリック文化が台頭してきます。この時代の色彩設計は、1950年代のどこかしらに端を発したものです。当時のイエローは、往々にして刺激的でしたが、この写真では、クールで淡いイエローが使われています。さらにいうなら、ブルーも同様です。

パレット　97

44

"色は、それが創造する印象同様に強烈である"
アイバン・オルブライト

　いわずもがなかもしれませんが、この写真の部屋と前のページのものとを比較してみてください。あらためて気づかれるでしょう、色は、イメージによって決めつけられる必要などないのだと。色はあくまでも色にすぎず、文化的な制約など、いっさい背負ってはいないのです。したがって、18世紀風の居間や、階段のとちゅうに配した洗面所に、ナショナル・トラスト・ジョージアン・オーガニック・スプリット・ピー・グリーンを使っても、いっこうにかまいません。わたしはまったく気にしませんし、わたしの知る、実在する塗料コンサルタントも、だれ1人として気にはしないと思います。

　それはさておき、写真にもどりましょう。ここにあるのはいずれも1950年代の色です。それが1つのパレットとしてまとまり、質素でひかえめを旨としたあの時代の微妙なメッセージを、あますところなく伝えています。けれどこれらの色は、1950年代の室内に用いられているわけではないのです。実にすばらしいでしょう。えっ？　わざわざいうまでもありませんか？　ですが、わたしがこの話をするのは、これがはじめてではありませんよね？

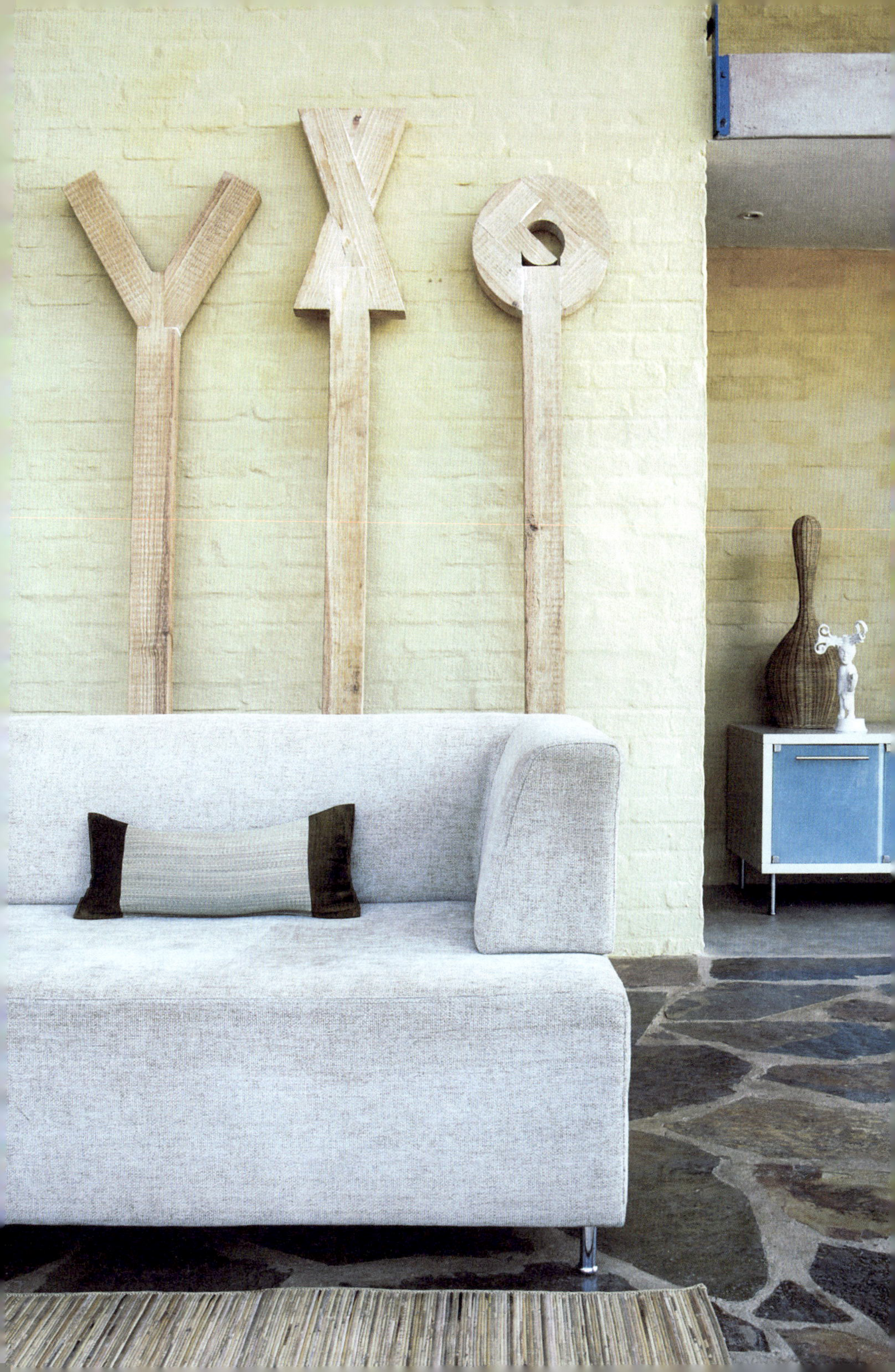

100 パレット

45

*"色はおさえがたい。
言語の限界をあばきたて、
色を論理的に秩序立てようとする
われわれの懸命の試みをも
あっさりとかわしてしまう"*

デイヴィッド・バチェラー

　色をそのまま受け入れている文化もあります。地中海文化や、インド、中国、中南米、スカンディナビア、シベリア、アフリカ、およびミクロネシアの各文化です。

　実際北欧でも、ありとあらゆる文化がそうでしょう。唯一、アングロサクソン文化をのぞいては。おそらくこれは、われわれアングロサクソン人がうすうす感づいているからだと思われます。なにに感づいているか。それは、色が気まぐれで、分類され、体系化されることを拒むものである、ということにです。色は、非常に感情的な存在といえます。

　色のこうした奔放さを、あまり保守的ではないほかの文化は受け入れているのです——建築物のなかにおける色を、コントロールし、調節しているのです。たとえば、ある場所や組みあわせのなかに色を配することで。たとえば、ドアのわきの部分全体をレッドで塗るなどして。

102 　パレット

46

"色が叫んだ、
『ズボンが洗濯機に残っている』"
エディ・イザード

　歴史的な色について語られるたわごとが広大な海原ほどもあり、結果、一掃されてしかるべき疑似事実もたくさん存在します。たとえば、薄汚れて、泥が混じっているような塗装は由緒がある、という通説もそうです。当然、そんなはずはありません。むしろ、不幸にして家庭における基本的な衛生概念が欠如していることを、如実に示しているにすぎないのです。

　もちろんあなたが、我が家は広く一般に公開された由緒ある家だということを誇示したかったり、あるいは、そんな芝居がかった汚さをたまたま楽しんでいるにすぎない、というのであれば、どうぞそのまま、薄汚れた塗装のなかでお暮らしください。本来の顔料──かつてすべての塗料の成分であった顔料は、複雑で、趣があり、えてして、のっぺりとした人工的な雰囲気などない、それこそが本当の事実なのです。ああ、それから名前にかんしても一言。わたしの大好きな18世紀の色があるのですが、それは、その当時"胆石"と呼ばれていた色でなければなりません。

パレット　103

47

> "わたしが惹かれるのは、
> ありふれた、あるいは〈いかにも産業的な〉色だ。
> 紙袋の茶、ファイルキャビネットのグレー、
> インダストリアルグリーンといった色だ"

ロバート・マンゴールド

　ここには、多くの色をいっしょにうまく活かせる方法があります。これは、1948年の手引書から直接伝わる、たくみな家事の手法かもしれません。

　まず、最高級のスプリンググリーンとイエローとブルーを選びます。ついでそれぞれの色に、グレーを少しくわえてください。ただし、カップに半量だけです。それから色味を整え、しっかりと落ち着かせてから、煮詰めたブラウングレービーと、実用家具の力を借りつつ、配していきます。オプションで、動物の毛皮をつけてもいいでしょう。

　これで、ぬくもりのある、戦後の色彩設計ができあがるにちがいありません。ノスタルジックな趣の漂うパレットです。ただし、グレーをくわえ、ブラウンといっしょに配することを忘れないでください。あるいは、ブラウンをくわえ、グレーといっしょに配してもいいでしょう。いずれの場合でも、効果にちがいはありません。

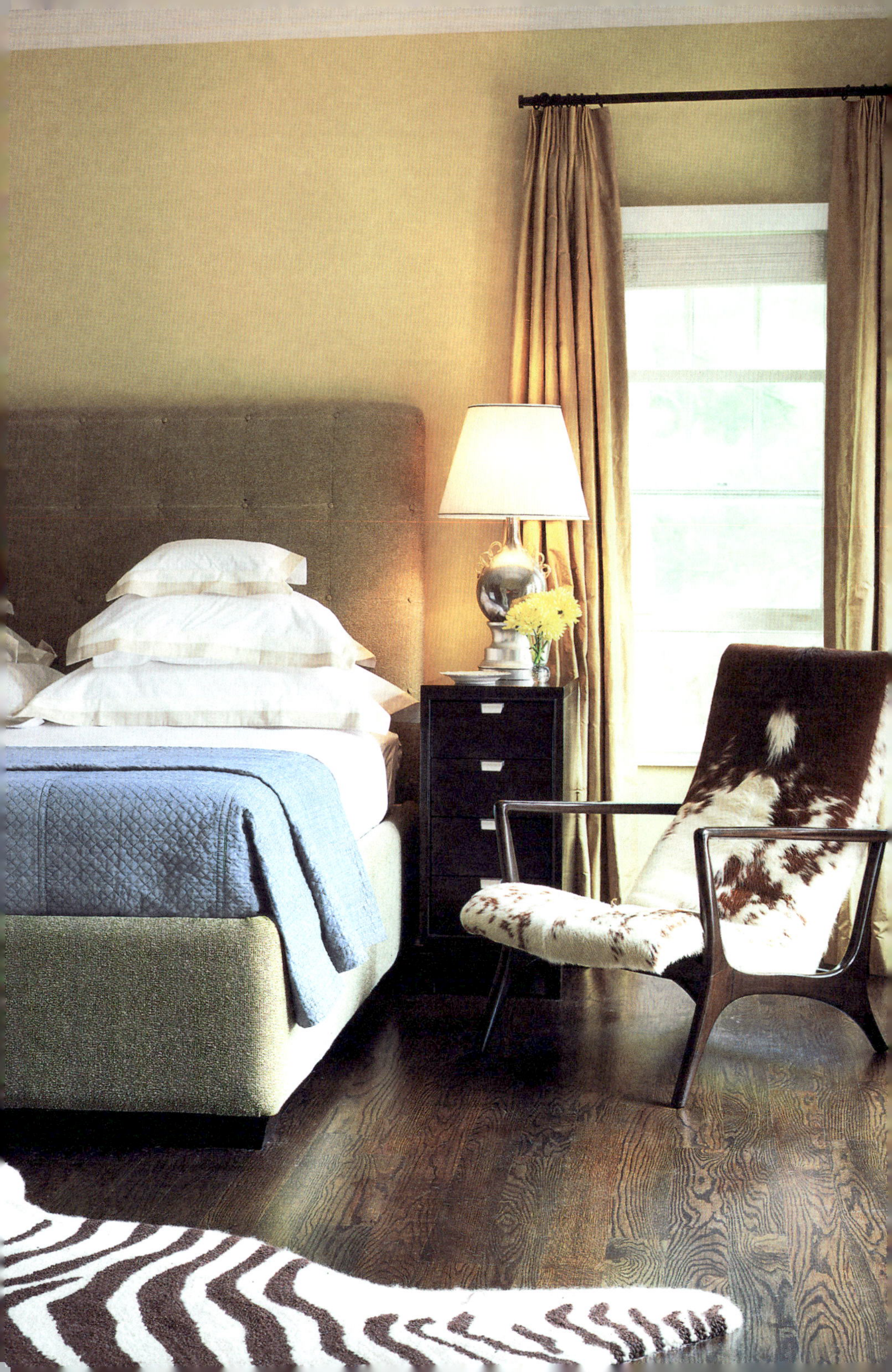

48

> "われわれが視覚によって体験する世界はすべて、
> 謎めいた色彩の世界を介している"
>
> ハンス・ホフマン

　『インテリア/カラーバイブル』につぐ本書は、あくまでも前著の補完的な存在です(それに実のところ、前著よりも取っつきやすく、わかりやすくなってもいます)。その前著に掲載したパレットのもとになっていたのはいずれも、歴史的な工芸品や色彩設計でした。たとえば、中世イタリアの彩色された収納用の大箱(カッソーネ)や、1960年代のフォルクスワーゲン・キャンピングカーの塗装などです。このように考えたのは──そして、だれになんといわれようと、この考えをかえる気はないので、もちろん「今でも」そう考えていますが──色そのものは、パレットにまとめあげられる際には、文化のかもしだす多様なイメージをほとんど持ちこまないにもかかわらず(たとえばフェラリーの赤1つとっても、最高で35もの異なる色味があったのです)、文化にまつわる記憶を刺激し、ありとあらゆるすばらしいアイデアをわたしたちに与えてくれることができるからでした。

　わたしがことのほか好きなパレットは、ローマ時代の、モザイク状に舗装された道をベースにしたものです。この色あいは主として、大英博物館の展示品から取り入れました。ですが、もしわたしがこの写真を先に見ていたら、はるかに簡単にパレットを作成できていたとは思いませんか？

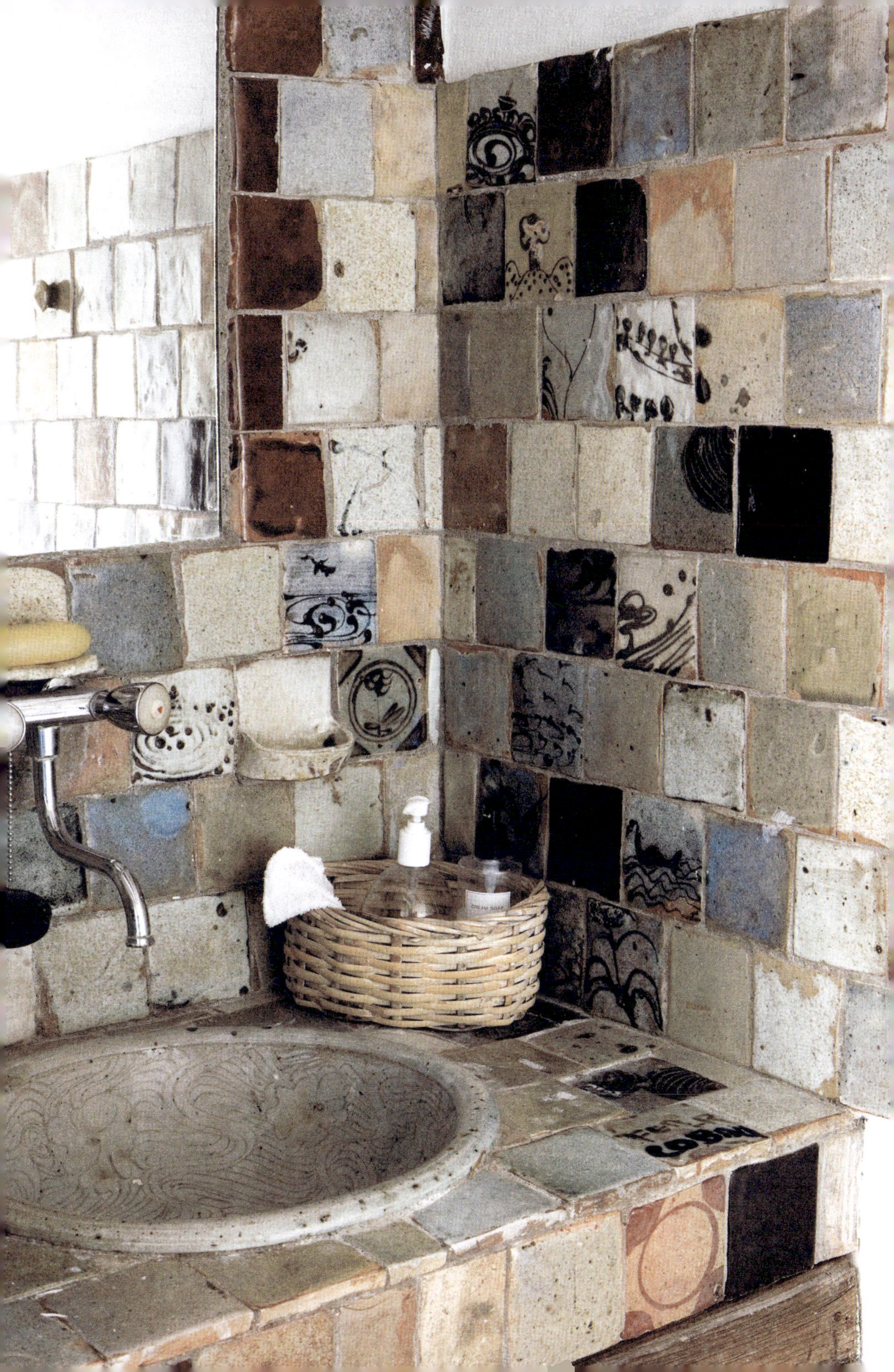

49

"色は、われわれの知能と宇宙が出会う場所だ"
パウル・クレー

　ここが、居心地のいい、落ち着いた雰囲気の部屋なのはわかりますが、ここに用いられているのは、建築現場の色──コンクリートやヘルメット、そしてなによりおもしろいことに、サビの色です。鉄が酸化してできるこのサビから、地上でもっとも魅惑的な複数の色が派生しています。熱や酸素、水分の量に応じて、さまざまな色が生みだされるのです。たとえば、あざやかなイエローオーカーやポッツォーリレッド、クールなベンガラ、あたたかみのあるレッドオーカー、ローシエナ、バーントシエナ、グリーンがかったローアンバー（多少マンガンの助けを借りますが）などがあります。深みのある、理想的な合成色マーズパープルでさえそうなのです。

　この地球に存在する砂や粘土、岩や大理石に色をもたらしているのもサビです。まさに、この世でもっともなくてはならない着色剤といえるでしょう。

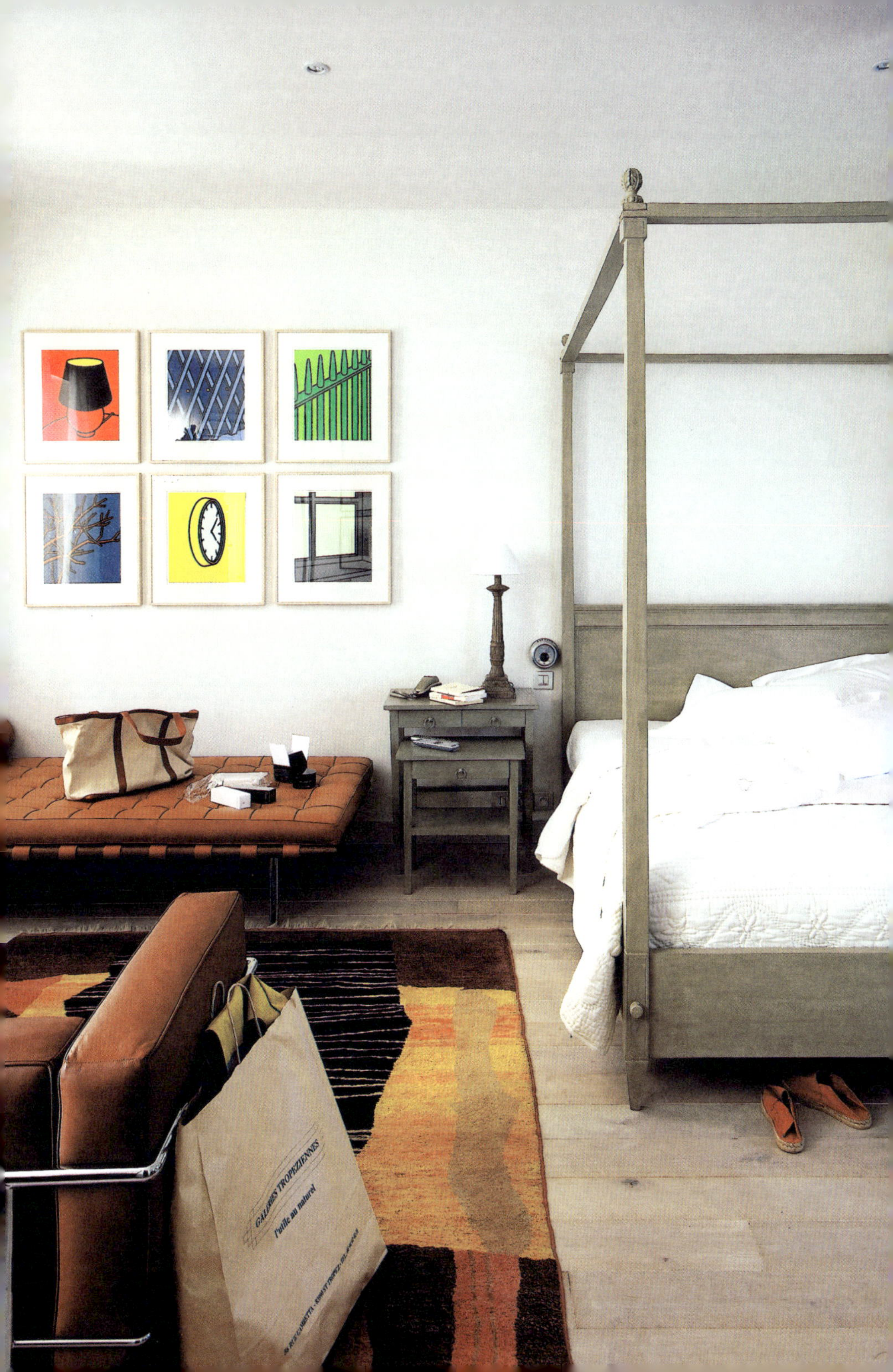
GALERIES TROPEZIENNES
l'utile au naturel

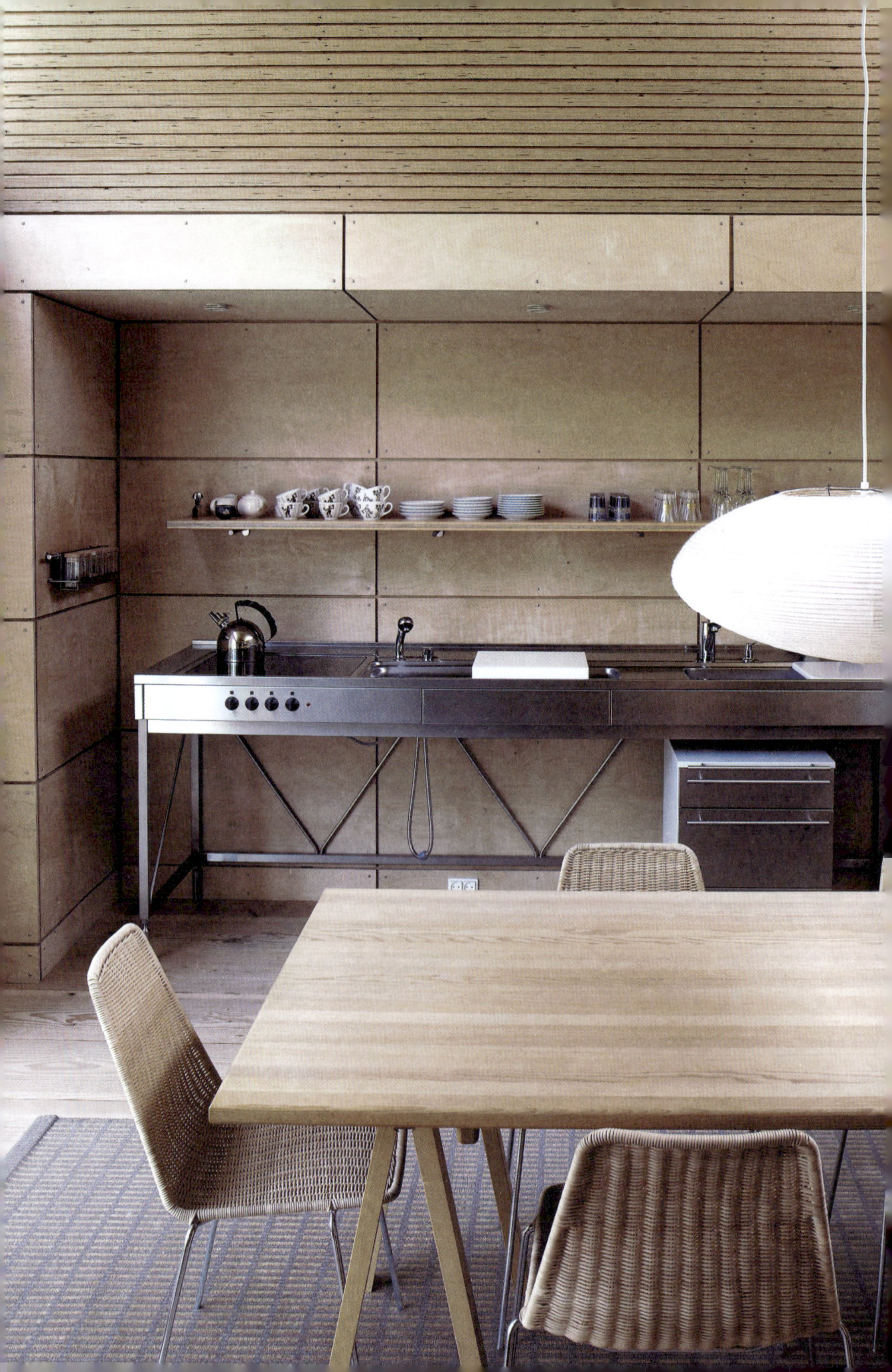

50

> "1つの場所に複数の色を配し、あえて調和をこわす——
> 画家が称するところの〈ブロークンカラー〉によって、
> 心は浮き立つ"

エリック・ウィガート

　色を、天然の塗装をまとった木に帰するのは難しいでしょう。ステイン仕上げであれば、簡単に対応できますが、その半面ウッドステインは、みがきあげられた材木に見られるさまざまな色あいをことごとく消し去ってしまいます。天然の素材であれば、ほとんどすべて同じ結果に終わるでしょう。ですが木のなかから、多彩な色を"引きだす"ことは可能です。

　当然のことながら、引きだされるいろいろな色のなかには、ブラウンがあります。ブラウンは、パレットをまとめるのに適した色です。同様の働きは、パープルにも見られます。どちらか1色が欠けただけで、この色見本の集まりは、ぞっとするほどおもしろみのないものになってしまうでしょう。

51

> *"白は自然には存在しない"*
> ピエール=オーギュスト・ルノワール

　モノクロームの色彩設計だからといって、ブラックとホワイトのみで構成しなければいけないわけではありません。実際問題として、おそらくそんな色彩設計はないはずです。わたしたちのまわりには、本当のブラックなり本当のホワイトなりが存在しないように──いずれの色も、さまざまな照明条件の影響を受けて、ほかの色になるのです。ペールクリームや、ペールブルー、ダークパープルやブラウンといった色に。さらにこの2色は、わたしたちにいろいろなごまかしや錯覚をもたらす網膜や脳にも左右されます。したがって、自然のなすことには逆らわず、かわりに、グリーンがかったグレーやブラウンがかったグレー、さらには、ローアンバーやローシェンナのようなアースカラーを用いて、あなたならではのモノクロームパレットをつくることに力を注いだほうがいいでしょう（パレットの6や7を参照してください）。

　ふとい薪を何本かと、趣のあるバスケットを1つ配して、ささやかな"ナチュラル"感を付加すれば、あなたの色彩設計は完成です。

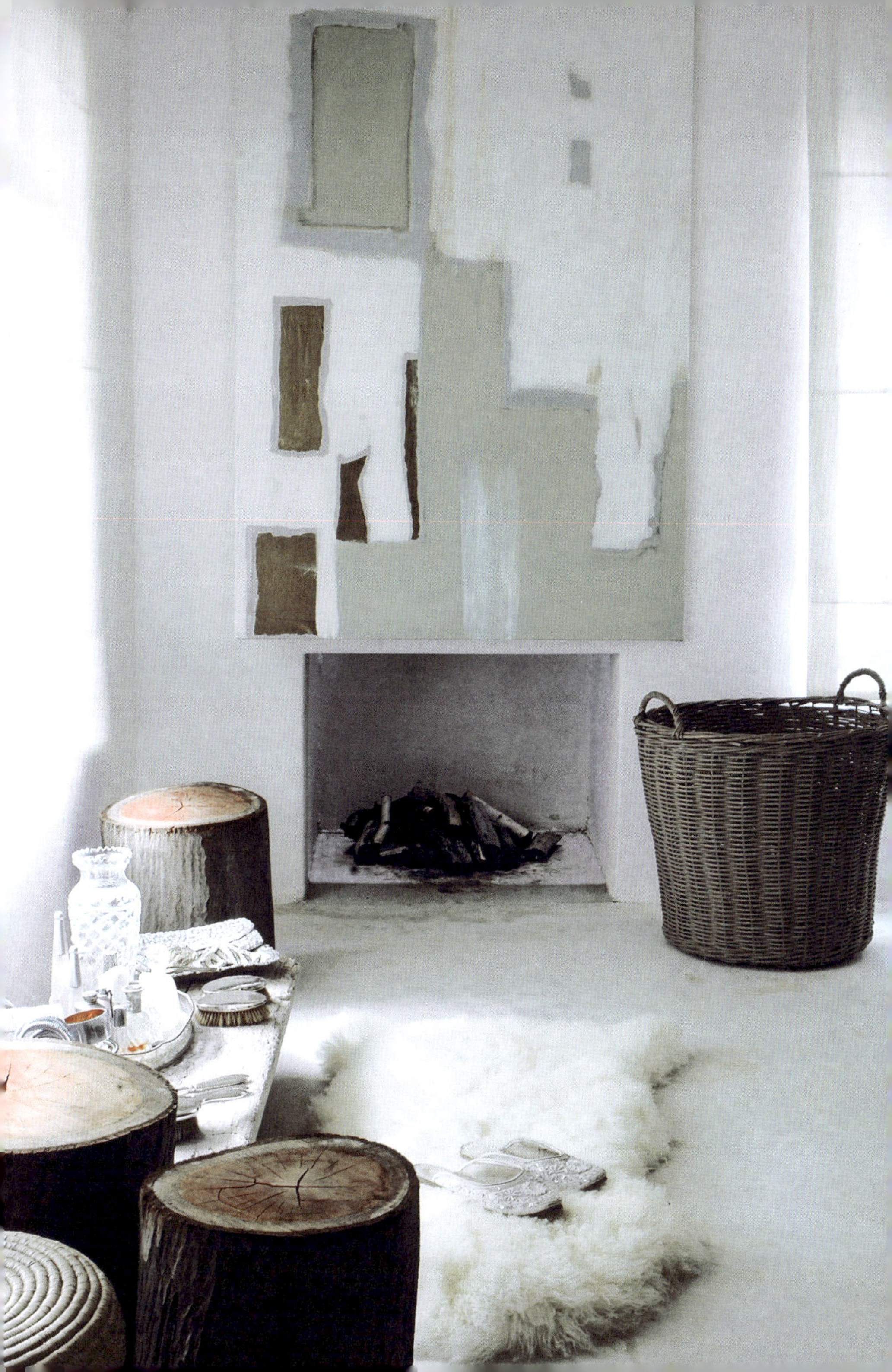

52

"いうまでもないだろうが、色は光に応じてかわる。
なぜなら、どんな色でも、陰に配されれば、
明るい場所に置かれたときとは異なる色あいになるからだ。
陰は色を暗くする。一方、光があたれば、色はあざやかに輝く"

レオン・バッティスタ・アルベルティ

　1つの空間で用いられる色の色調（グレーがかっている度あい）なり明度（明るさの度あい）なり暗度（暗さの度あい）なりがすべて同じレベルであれば、どの色も心地よくその空間におさまることができます。この写真も、その好例でしょう。これは、パーティを成功裏に終わらせる手法にいささか似ています。最高のパーティであれば、午後9時までには、参加者全員が一様に楽しい雰囲気にひたっているでしょうから。

　この写真の色も一様に、同じ雰囲気をかもしだしています。どの色もまるで、砂糖をまぶしたような色あい、ふわっとした、白い、透けるようなもやにおおわれているといった感じの色あいです。これはいわば色の効果であり、ルネサンス期フィレンツェにおいてセラミックスの彫刻で名をなした一族デッラ・ロッビア家によってはじめて、きちんと認められました。そしてもちろんその効果は、今でも多分に発揮されています。

パレット 115

53

> "だれか1人が〈赤〉という色の名前を告げるとする。
> そこに50人の聴衆がいれば、
> おそらく50人50様の赤を思い浮かべるだろう。
> しかもその50色の赤は、
> いずれもかなりちがう色あいだと思ってまちがいない"
>
> ジョセフ・アルバース

　絵画においては、色を含意なく理論的に見ること――色が通常有している文化的な雑事にまどわされることなく、ありのままの色を見ることが可能な場合もあるでしょう。ただしもちろん、ふつうはそうはいきません。理論的な芸術においてさえ、色はさまざまな感情やイメージをはらんでいるのです。色がいっせいに歌を歌えば、すぐさま、とても意味深長な物語がいくつもつむがれはじめます。白状すると、このパレットはわたしに、ストックホルムでつきあっていた女性を思いださせるのです。赤毛で、たいていグリーンのタイツをはいていた女性を。あるいは、逆だったでしょうか？　とにかく、わたしの記憶は呼びさまされたのです。色の含意がどれだけ強力なものか、おわかりでしょう？　あなたも、なにかに色を塗りはじめればすぐに実感するはずです、あっというまに、交響曲の作曲家へとかわっていく自分自身を。

new furniture 11
new furniture · neue möbel
praeger
new furniture · neue möbel
praeger
praeger

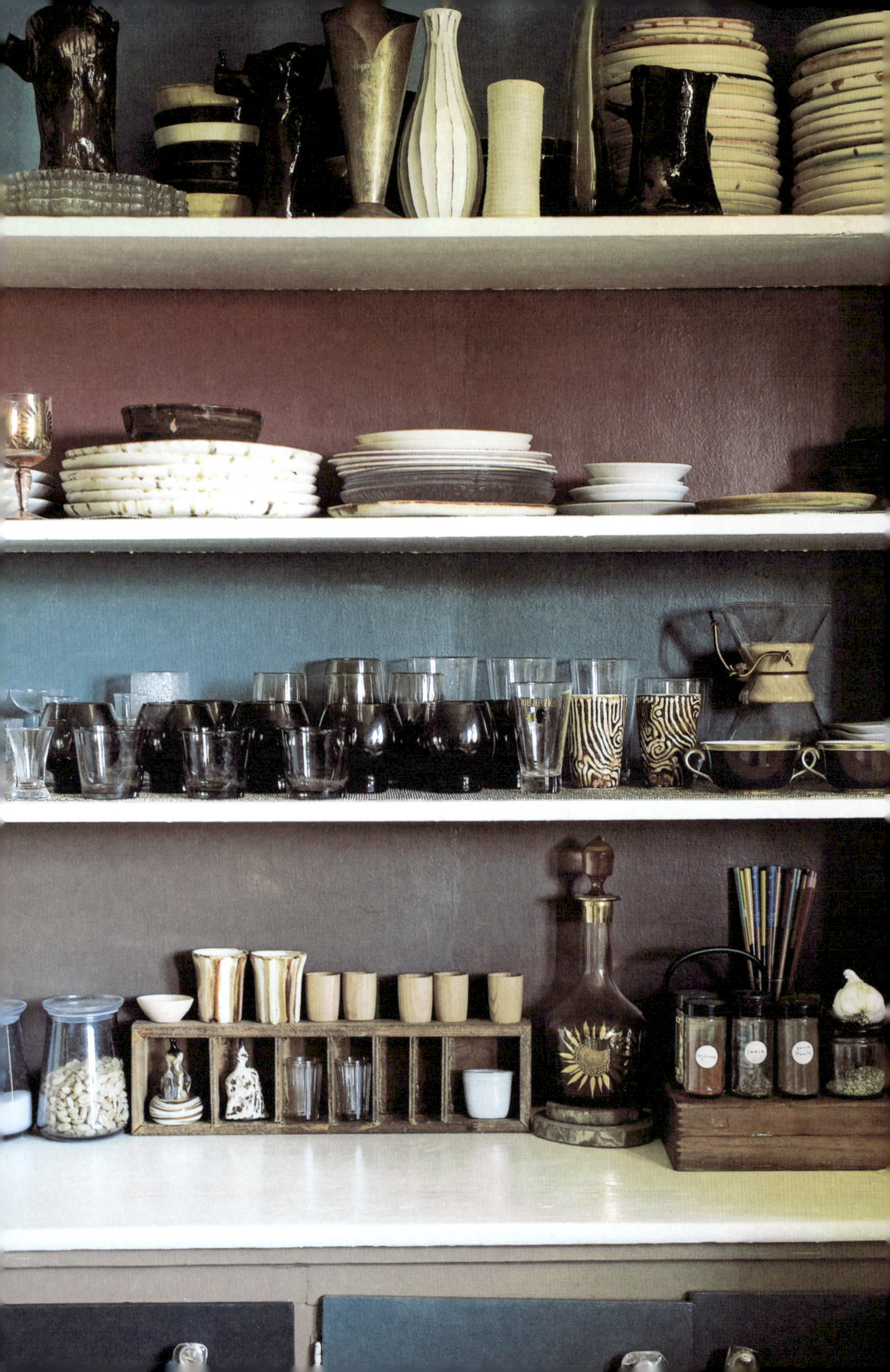

54

"色は、光と闇の相互浸透から生まれる"
サム・フランシス

　2つ前のパレットでは、色がすべて砂糖をまぶしたような淡い色調でまとめられ、同じ雰囲気をかもしだしていました。ここでは、同様の色調でスタートした色が、わずかながらダークグレーを帯びるにいたっています。その結果、色調のレベルがぐっと"おさえ目"になっているのです。パーティ会場というよりも、午後の図書館を彷彿とさせる雰囲気でしょう。

　ほんの少し、グレーなりブラックなりブラウンなりホワイトなりを混ぜるだけで、さまざまな色に調和がもたらされ、概して一段とやわらかな雰囲気にすることができます。これは、わたしがくりかえし述べているアイデアですが、実に不思議な現象といえるでしょう。

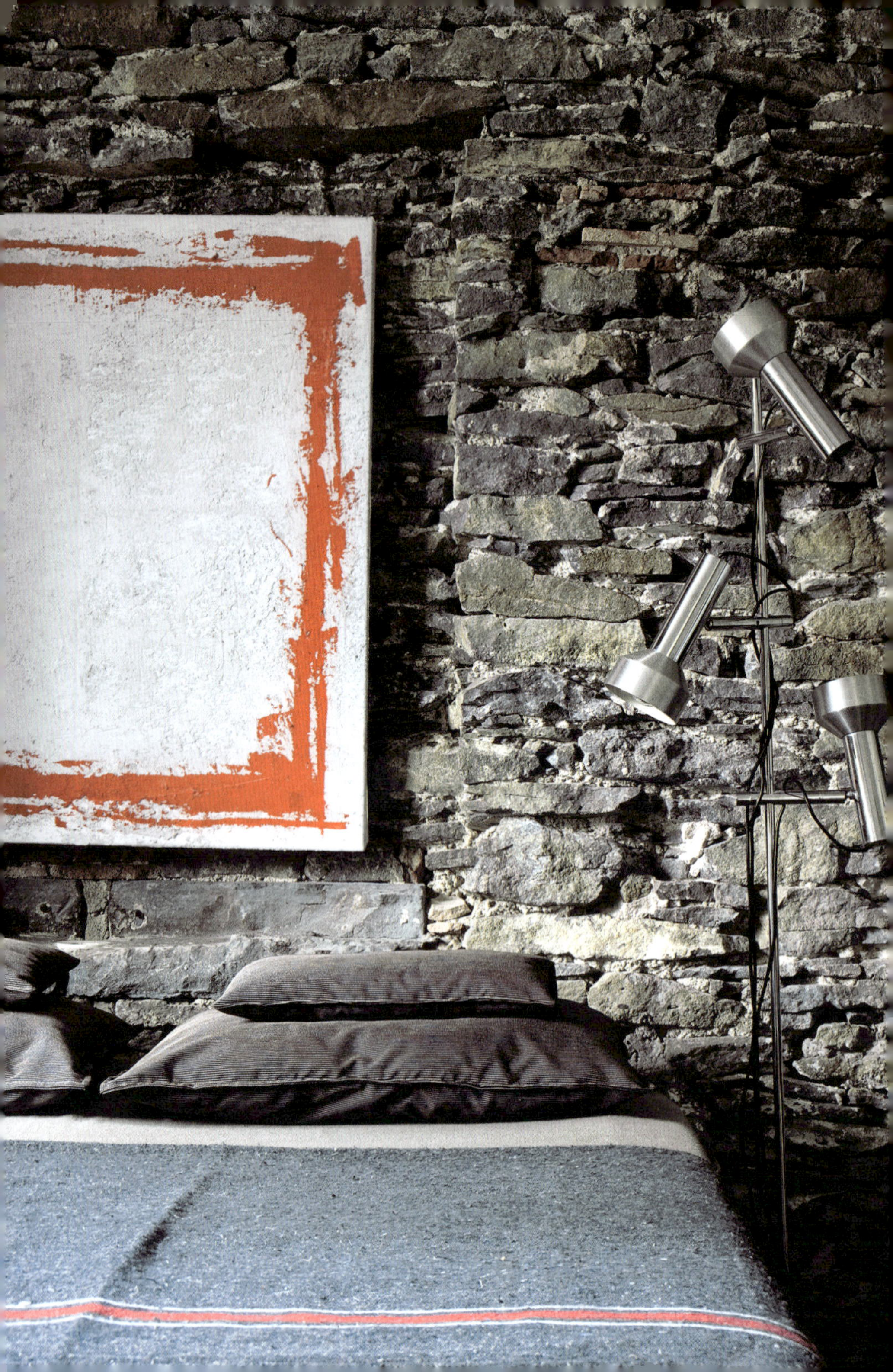

55

> "意味にそこなわれることもなく、
> 明確な形状とも無関係の色だけが、
> 無数の方法で魂に語りかけることができる"

オスカー・ワイルド

　そうです、白状しましょう。このパレットには、少々わたしの好みが反映されています。というのも、わたしとしてはどうしても、ここにあげたレッドとオレンジがかったブラウンとブルーを同じパレットにおさめたかったからです。これらはいずれも、中世において尊ばれた顔料の色です。サターンレッド、深みのあるイエローオーカー、さらにはごくありふれた、混ざりものの入ったアズライトといった色ですが、どれもあきらかに、高価なものではありません。それでも、にわか芸術家を助けてくれる、優秀なレッドとイエローとブルーなのです。

　けれど、驚くなかれ、これらの色は、1960年代前半にフォルクスワーゲン社が自社のキャンピングカーやマイクロバスの塗装に用いた色の一部でもあります。これらの色にはいずれもブラウンが混ざっていて、20世紀に登場したさまざまな工業用顔料の主要な一角をなしているのです。いずれも、ほんの少しくすみを帯びていますが、充分に趣のある色あいになっています。

56

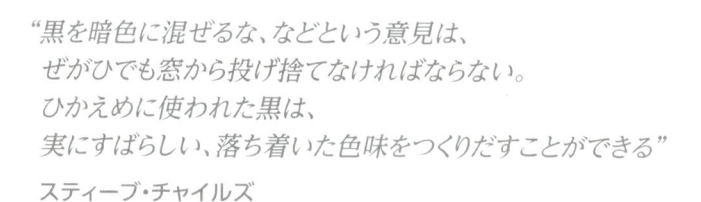

> "黒を暗色に混ぜるな、などという意見は、
> ぜがひでも窓から投げ捨てなければならない。
> ひかえめに使われた黒は、
> 実にすばらしい、落ち着いた色味をつくりだすことができる"
> スティーブ・チャイルズ

　これ以降のパレットには、暗色が多く登場するため、そんなものを見ていたらどんどん気分がめいってくる、そうあなたが思ったとしても、無理ないでしょう。ですが、この件についていいわけをするつもりはありません。これから先の色彩設計は、大半が暗いもので、ときには、さえない色調のものも登場します。ブラウンやブラックは、室内における色のまとめ役として単色で使用されるよりもむしろ、さまざまなほかの色に混ぜて用いられることが多くなっていきます。ブラウンの場合、ほかの色と混ぜて使われるにせよ、わけて使われるにせよ、そのパレットには通常、ブルーもいっしょに配されています——ブルーとブラウンは、わたしの大好きなカラーカクテルなのですから。だからといって、これはなにもわたしが色を選り好みしているというわけではありません。ありとあらゆるブラウンが、ありとあらゆるブルーにとてもよくあうのです。ぜひ試してみてください。

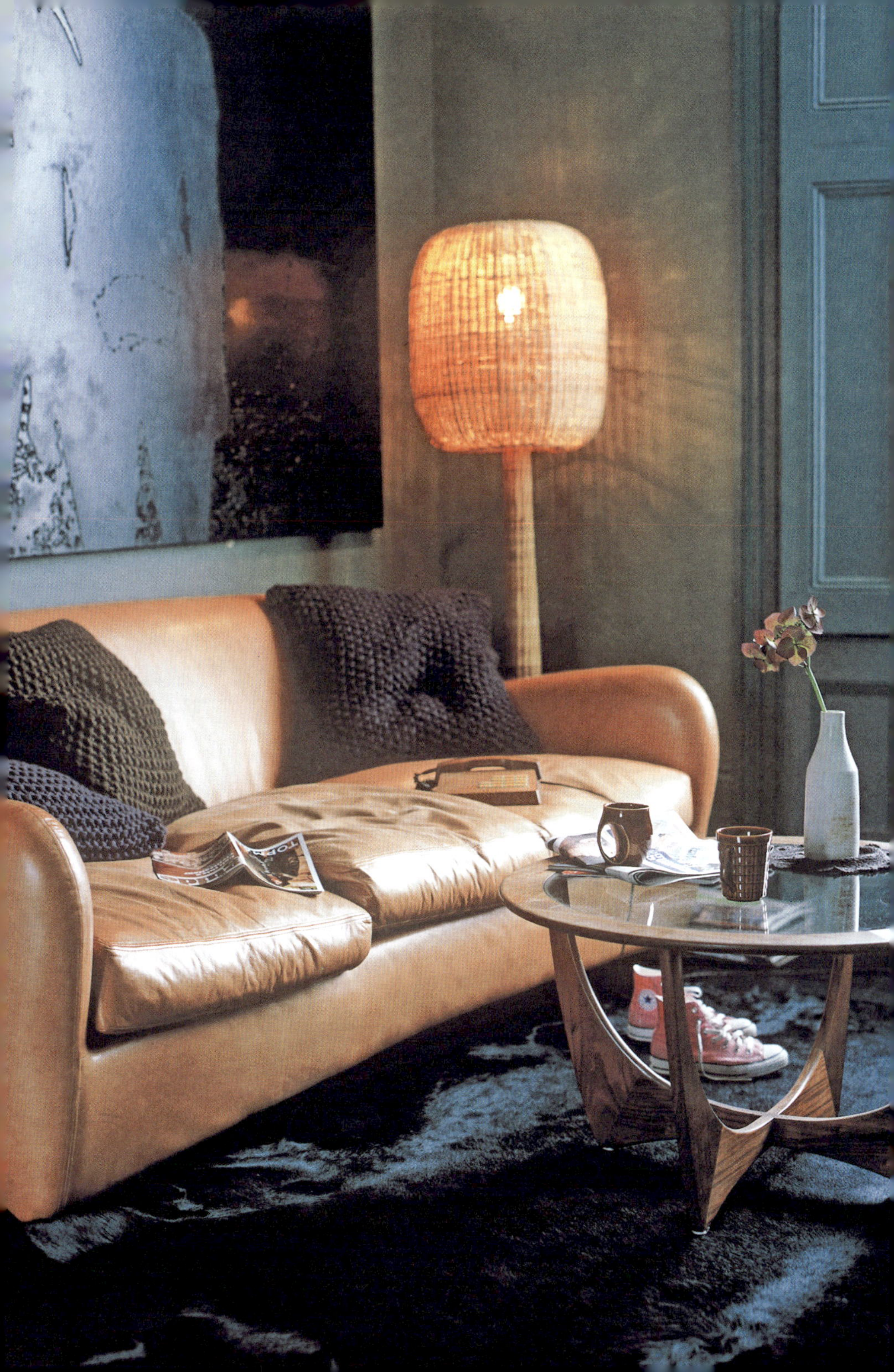

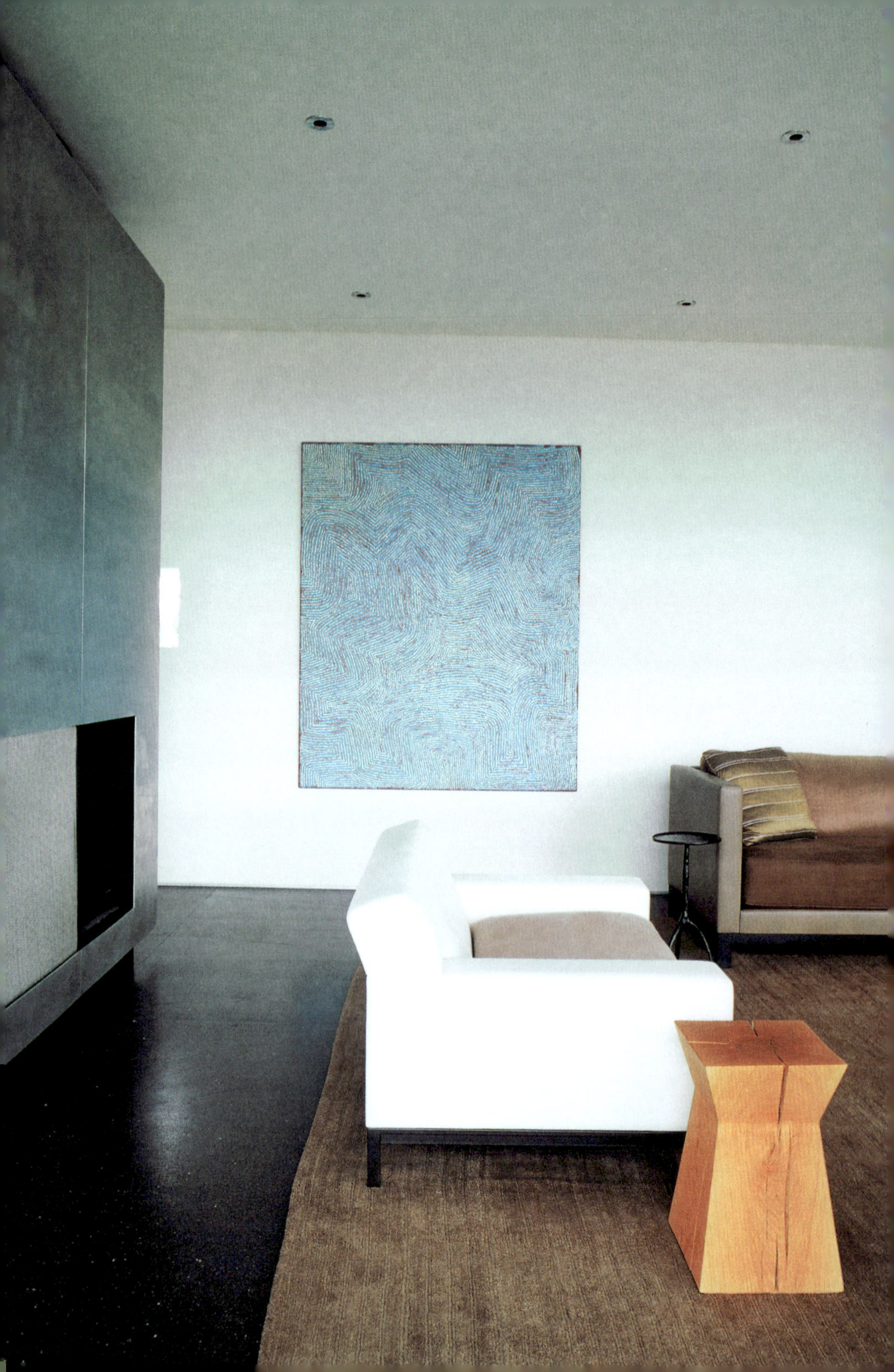

57

> "色に満ちた時間に包まれながら、
> 考えることがある、ここにくわえると、
> とてつもなく悪趣味な色はなんだろうと。
> 〈悪趣味〉がときには、〈意外〉や〈文句なしに豪華〉
> といった言葉にかわることはあるけれど"
>
> アンジェラ・アコート

　この写真はどことなく、1950年代の室内装飾に似ています。帽子をかぶったジャック・タチが、ソファに座っている姿を想像してしまうかもしれません。ここで用いられている色もすべて、同じ年代のものです。戦後、塗料の缶がかたっぱしからあまるほどの、一見したところ非常に深刻な、世界規模の顔料不足におちいった結果、1946年以降売られた塗料の少なくとも80%は、使い残しの迷彩塗料でした。まあ、わたしにはそう思えます。戦時中、顔料は（ほかのありとあらゆるもの同様）徴用され、軍事利用されたのでした。

　例外は、ベビーカラーのブルーとピンクです。イギリスではその色は、新婚者にたいして、さっさと仕事に取りかかれ、という合図の色だったのです。もちろん彼らは、すぐさま仕事にかかりました。

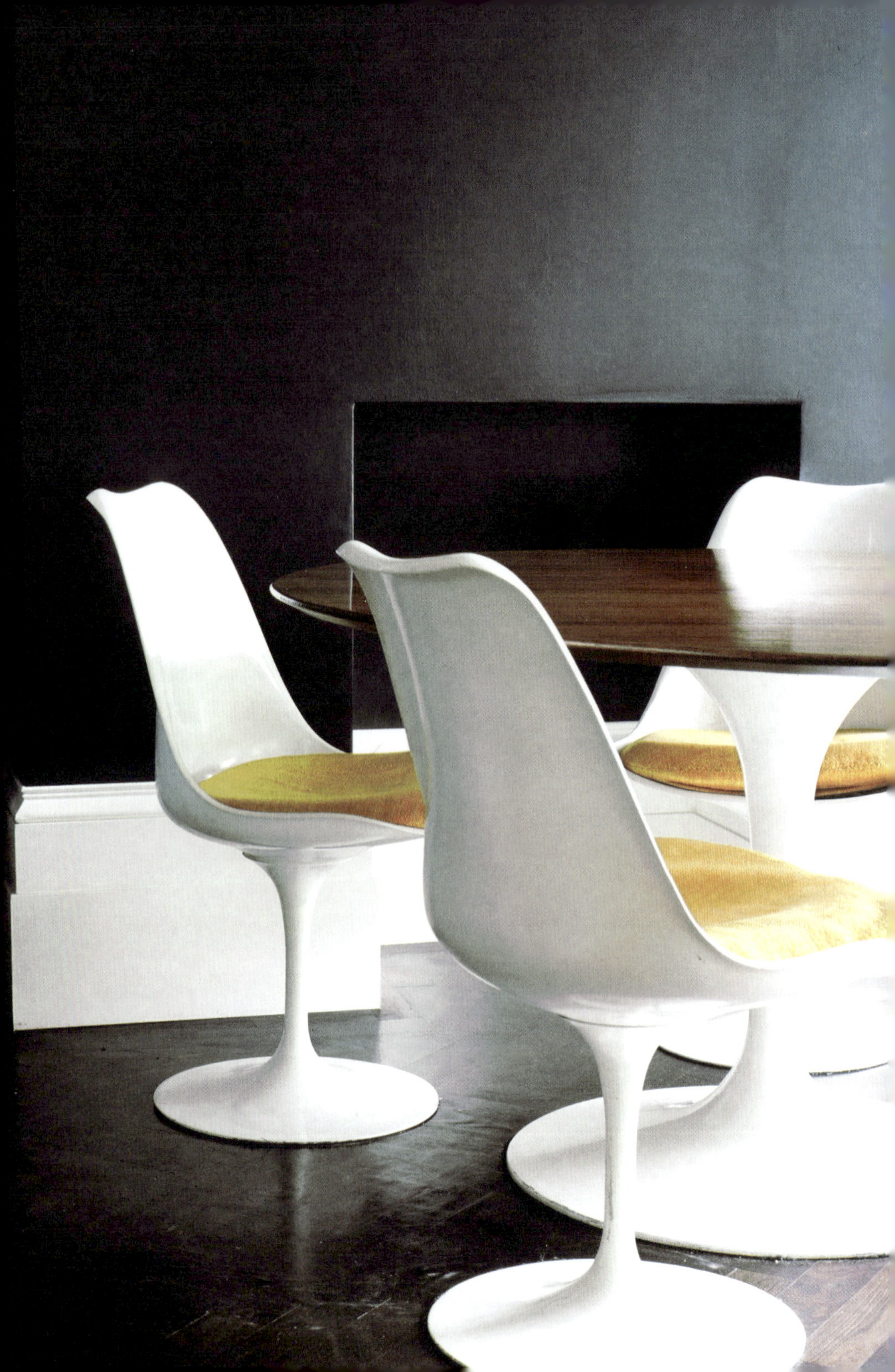

58

> "太陽を黄色い点にかえる画家がいるが、
> ありがたいことにその技術と知性のおかげで、
> 黄色い点を太陽にかえる画家もいるのだ"
>
> パブロ・ピカソ

　さて、ここに、革を思わせる美しいソフトなブラウンと、同じくソフトなフレンチブルーがあります。なんという組みあわせでしょう。けれどおそらくこの2色の関係には、軟弱な印象を多少とも減らし、ピリッと引きしめるマスタードが必要なのです。マスタード色なら、あの香辛料のマスタードと同じ効果を発揮するでしょう。この色はときに、涙がでるほどの刺激的な活力を付与してくれるのです。

　実際、この写真の部屋に見るブラウンとブルーの関係はとてもおだやかで、すぐには気づかないのではないでしょうか？　もちろんホワイトが、部屋の印象を引き立てるのに一役買ってくれてはいます。けれど、その大変な仕事を基本的に全部になっているのは、イエローなのです。

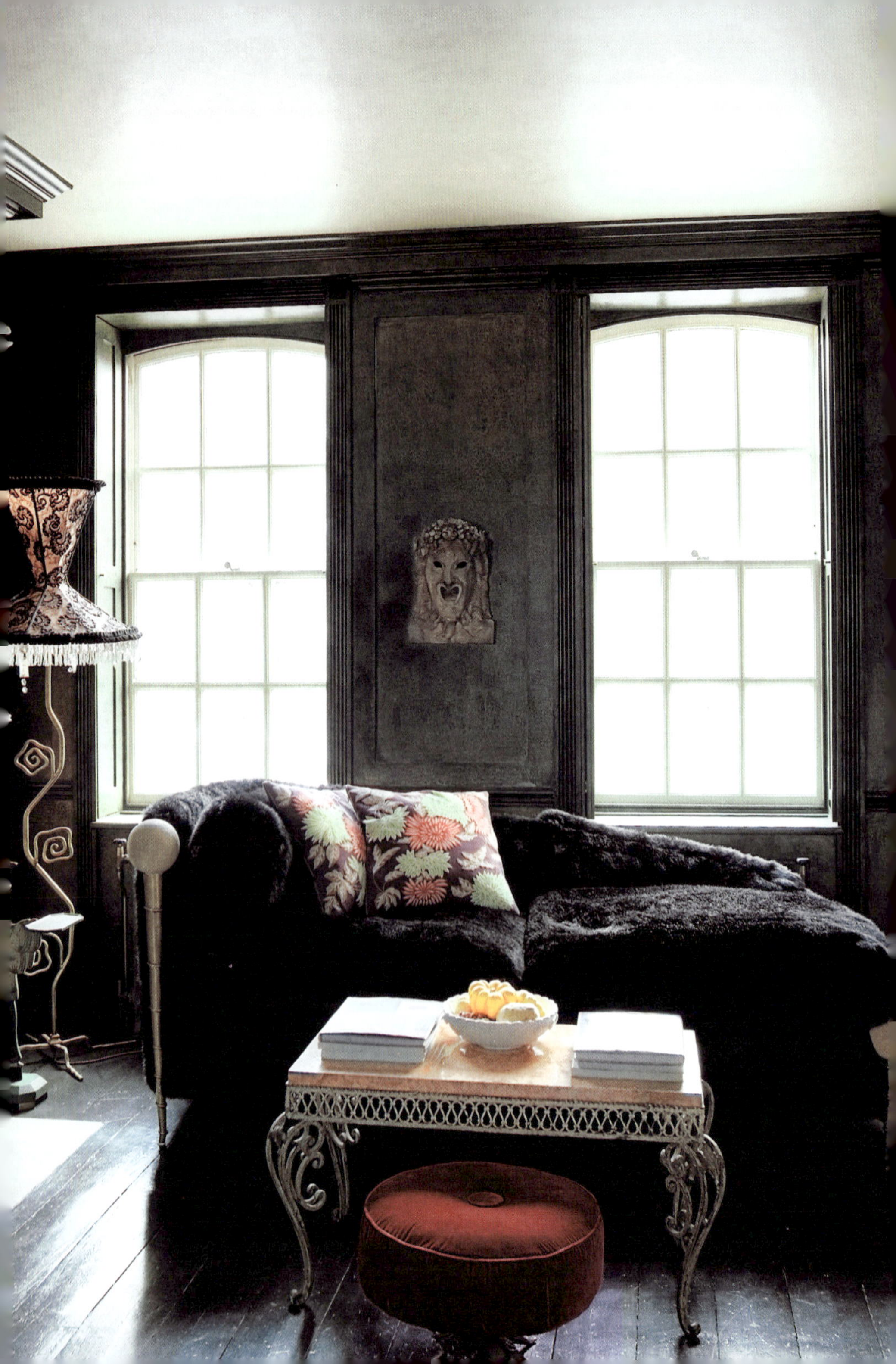

59

> "ごく少量の赤は、大量の赤よりも赤い"
> アンリ・マティス

　これもまた地味な部屋だ。そんなあなたの声がきこえてきそうです。ですが、とんでもありません！　もう1度じっくりと写真を見ていただいたなら、おわかりでしょう、グリーンとレッドがおりなす、繊細ながら実に複雑な関係に。くすんだグリーンの壁とピンクのテーブルトップ。さらにそれは、クッション（もうご存知だと思いますが、色彩設計の成功を決するうえで、クッションはとても重要です）や、足のせ台にも見ることができます。

　この部屋の印象を大きくかえているのは、足のせ台です。はっきりとした、とてもあざやかなレッド。だからこそ、この色はパッとあなたの目に飛びこんできます。そしてそれゆえに、室内の印象をコントロールしているのです。一方、グリーンとブルーは「後退色」になります。こうした色の特性を、『ナショナルジオグラフィック』のアートエディターたちは、同誌の創刊時からたくみに利用し、これによって、写真を3Dのように見せているのです。

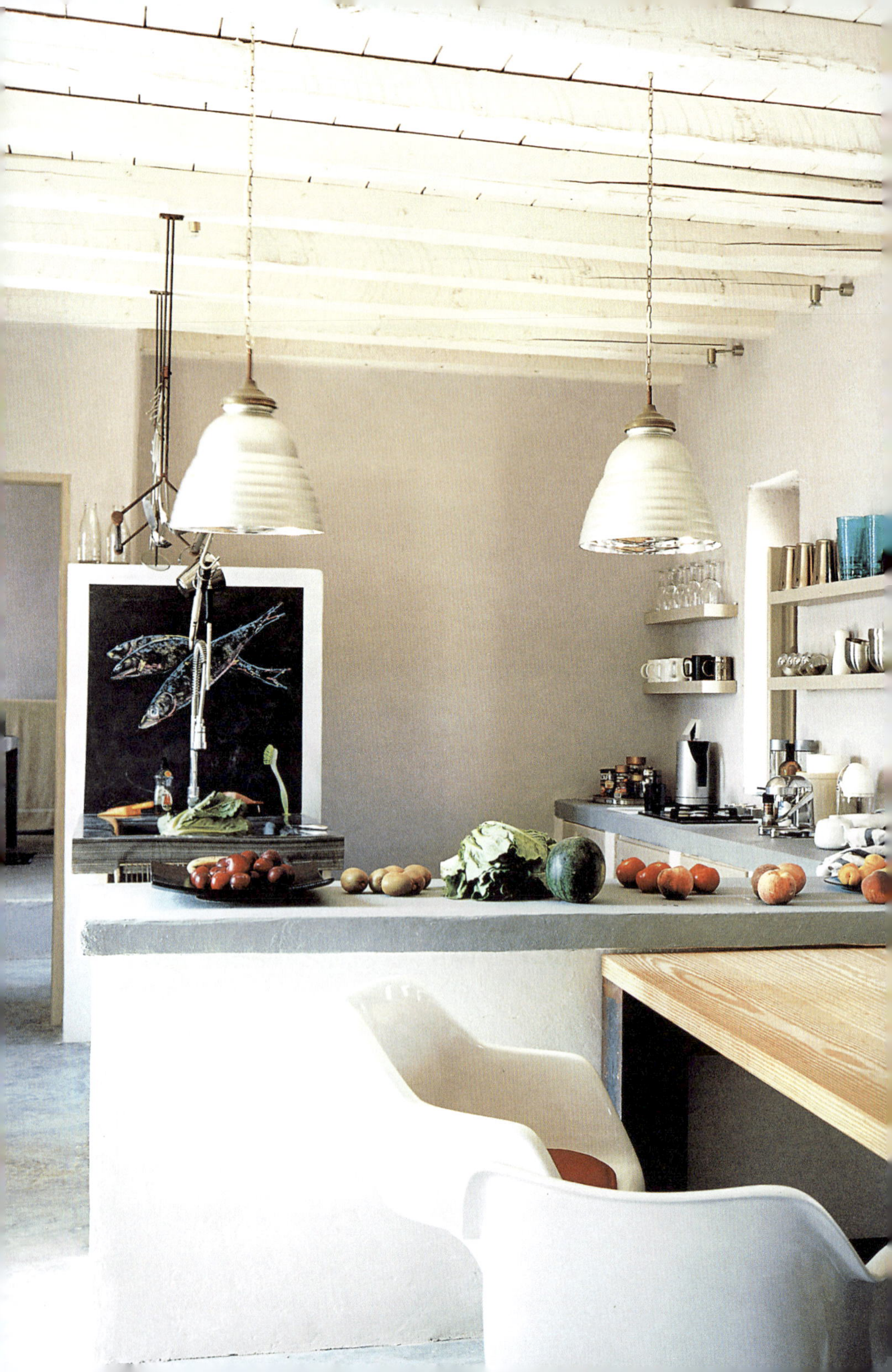

60

> "色は心の震えを引きおこす。
> 色には、いまだ知られていないものの、
> 大いなる力が秘められている。
> そしてその力は、人体のありとあらゆる部位に影響をおよぼすのだ"
> ワシリー・カンディンスキー

　パステルカラーを使いたい、となれば、使う色は絶対にパステルカラーでなければならない、などとは思いこまないでください。合成顔料のレッドにたっぷりホワイトをくわえれば、見るからにピンクの合成顔料ができあがるのですから。あざやかで均一なイエローの顔料は、薄めれば、あざやかで均一なクリームになるでしょう。

　本書から学べることが1つあるとしたら、レッドとグリーンのかわす、決して終わることのない対話ではありません。ブラウンなりパープルなりの重要性でもなければ、ホワイトなど存在しない、ということでもなく、ましてや、あつかいにくい色をほかの色とうまくなじませるには、濃淡や明暗をそろえなければならない、といったことでもありません。色が複雑になればなるほど、合成樹脂ではなく、昔ながらの顔料によるところが大きくなる、ということであり、昔ながらの顔料を使えば、一段と雰囲気もよくなり、その喜びもより長くつづくだろう、ということです。喜びを供することのできない色に、意味などないのですから。

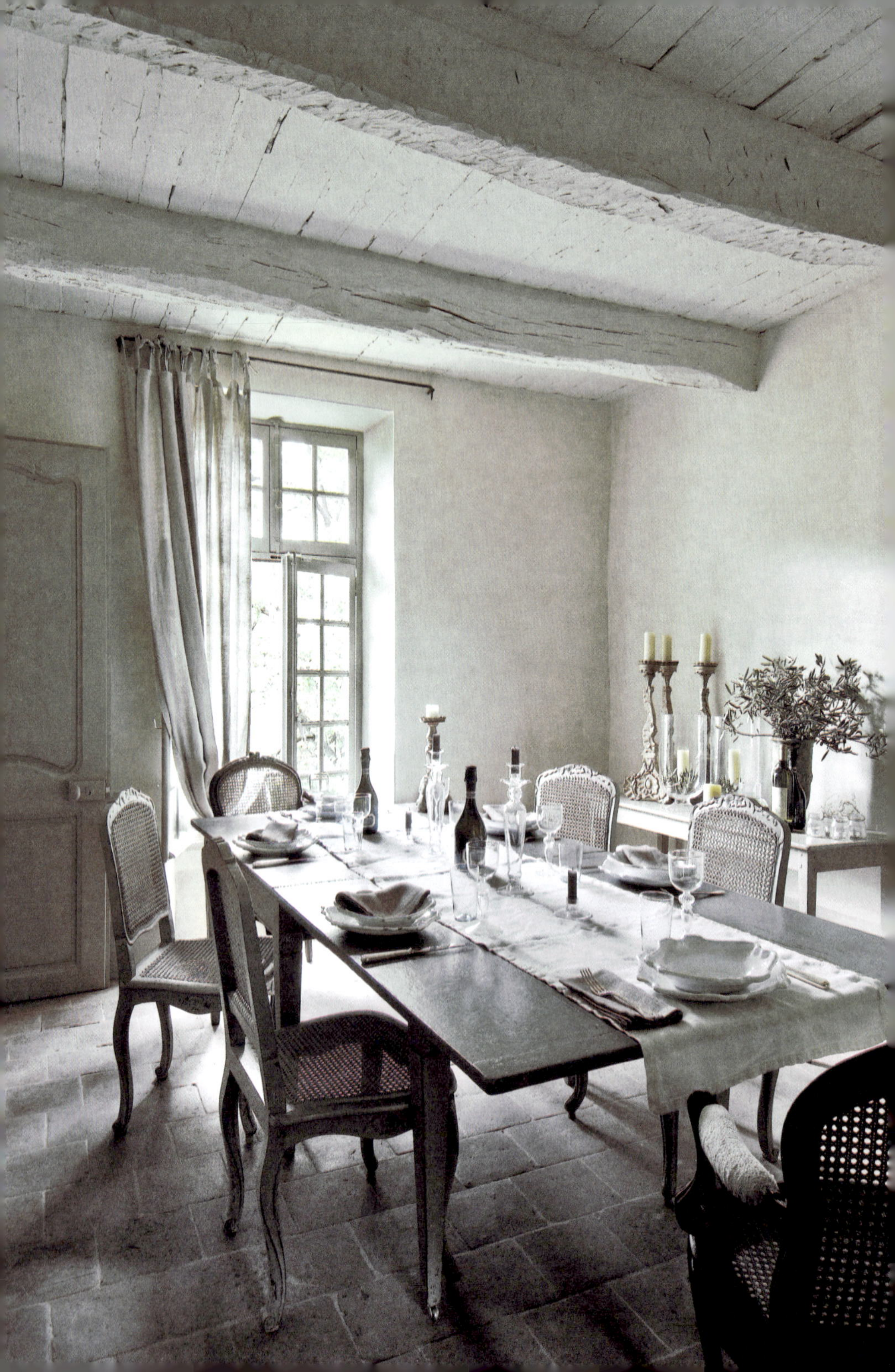

61

"色恐怖症(クロモフォビア)はおそらく、色のない好染色性(クロモフィリア)だ"
デイヴィッド・バチェラー

　もしあなたが本書を手にとり、たまたまこのページを開いたのだとしたら、どうかお願いです、1つ前のパレットにもどって、そこに添えた文章を読んでください。わたしが思うに、とても重要なことが書いてありますから。最後の1文の要点を明記するのであれば、本書が嫌いなものの1つはモノクローム(ベットノワール)だ、ということです。なぜならそれは、実現不能なものだから。光と家具のおりなす空間は予測のつかないものであり、人がモノクロームの部屋に足を踏み入れたとたん、その空間の色彩設計を台なしにしてしまうという厳然たる事実が存在しているからです。

　結果として、モノクロームの建物なり部屋なりを設計しようとしても、だれ1人として成功の見こみはないといわざるをえないでしょう。もちろん、このページに配されたグレーの色見本は、モノクロームではありません。いずれもそれとなく、色味のほうに近寄っています。それが自然なことなのです。わたしたちの視力は色をとらえることができますし、何千万年以上もかけて、可視光線を見てとるために最適な機能を発達させてきました。ですから、自然にチャンスを与えてください。自然に身をまかせてみてください。繊細なオフホワイトやオフグレーを用いれば、建物そのものはもとより、そこにいる人間をも一段と引き立ててくれるのです。

62

"色は趣味と感性の問題だ"
エドゥアール・マネ

　まずはこのページ、ついで次のページで、とてもよく似たパレットを用いた、2つの色彩設計がつづけて登場します。いずれも非常に重要なサンプルです。というのも、2つのパレットにはともに、さまざまな色あいのブラウンおよびパープルが含まれているからです。この2色はいずれもすばらしいまとめ役で、本書におけるパレットを取り仕切っているのみならず、19世紀初頭からずっと、さまざまな配色を取り仕切ってきてもいます。この写真の寝室は、そんな配色のもっとも初期におけるもっとも有名なサンプルの1つを、(わずかにではありますが) まねているのです。この寝室のもとになっている配色、それは、大々的に伝えられた色彩設計──ナポレオン1世時代のネオグリーク、つまり古代ギリシャの様式を踏襲した新古典主義のための色彩設計であり、当時パリ社交界の花形であったレカミエ夫人の寝室用に設計されたものでした。

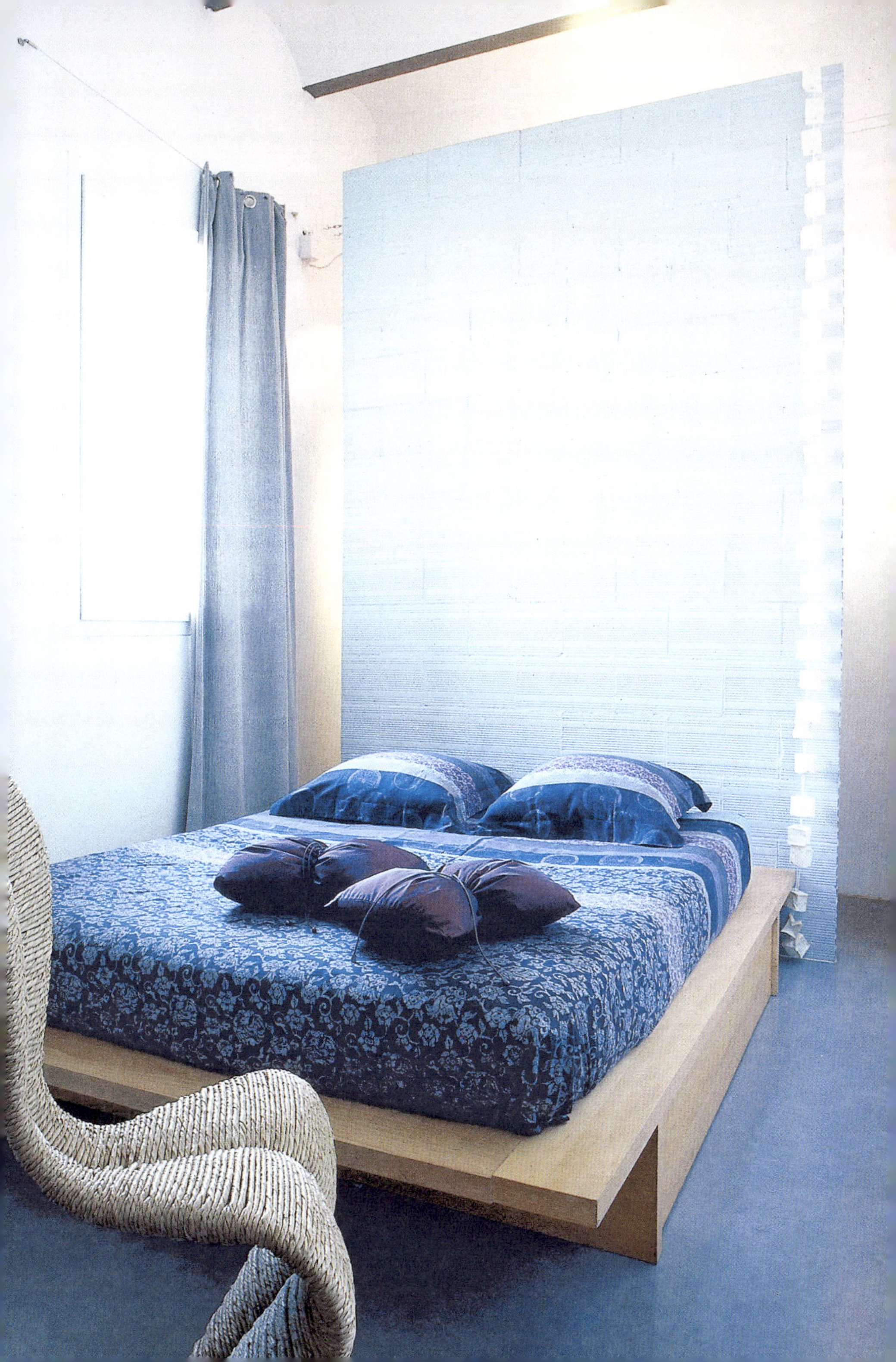

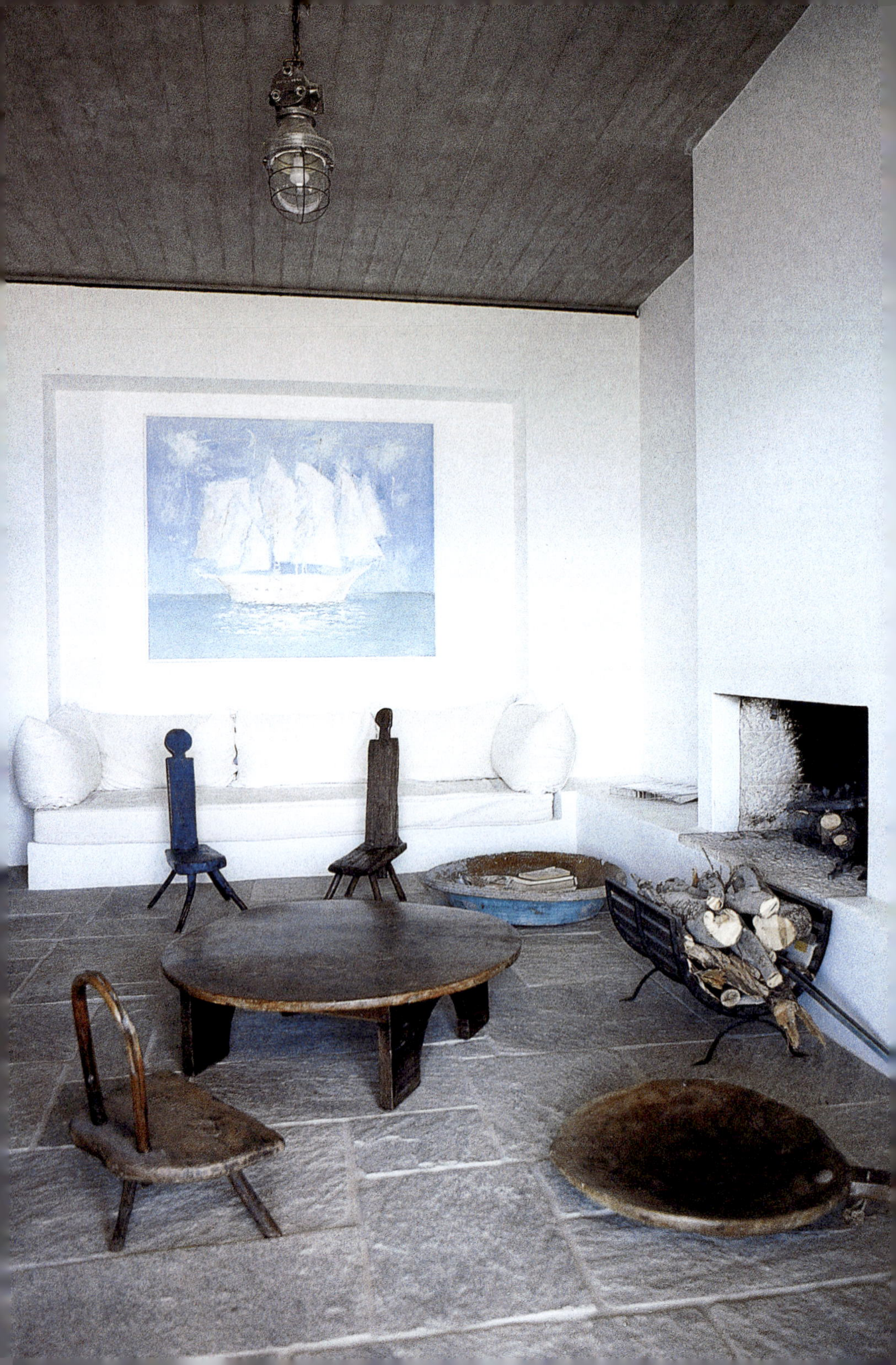

63

"色はすべてだ。色がただしければ、形もただしい。
色はことのほか大切なものであり、色は音楽のように心を震わせる。
心を震わせることが、ことのほか大切なことなのだ"
マルク・シャガール

これは、前のページからつづく、2つの連続したパレットの1つで、ブルーとブラウンのあいだに見られるすばらしい関係が展開されていますが、ここで学ぶべき大事なポイントを教えてくれているのは、天井です。

本書を介し、建物に色を塗っていくさまざまな手法について、多くの例をご覧になってきたことと思います――ですが、インパクトを与えようと思ったら、ぜひ天井に色を塗ってみてください。わたしが以前住んだことのある家に、非常に天井は高いながら、非常にせまいダイニングルームの家、というのがありましたが、わたしの家主はその天井を、血のようなレッドに塗っていたのです。おかげで、天井が30cmほどさがって感じられました。この写真の天井にも、その暗色ゆえに同様の効果が見られるでしょう。

パレット **137**

64

"ワイン鑑定家がいるように、ブルーの鑑定家もいる"
コレット

　ブラウンは、ありとあらゆる色彩設計にくわわって、それをまとめあげ、しっかりと床に落ち着かせ――あなたが気にしなければ――さらに床の下深くへと引きずりこんでいくこともできますが、だからこそブラウンには、ブラウン自身を引きあげてくれる色が必要なのです。ときには元気づけてもらいたい、おしゃれをして、ドライブにでもつれていってもらいたい、そう思っているのです。おそらく、少しでいいから青い空が見たい、と望んでいることでしょう。

　本書の中で常に顔をだしている2色の組みあわせといえば、レッド/グリーンと、ブルー/ブラウンです。ブルーは、インクのような濃い色であったり、あせたインディゴのような色の場合もあります。たまには、わずかにグリーンがかっていたり、薄かったりすることも。けれどこの写真のブルーは、空気のようです。ウルトラマリンの明色になります。このウルトラマリンは群青ともいわれ、あなたが見いだすことのできるもっとも美しい色コバルトブルーがわずかにパープルがかった色です。とてもすばらしい、えり抜きのブルーの1つになります。この色を見ていると、こんな色の空もあるなあ、ということを思いだすでしょう。

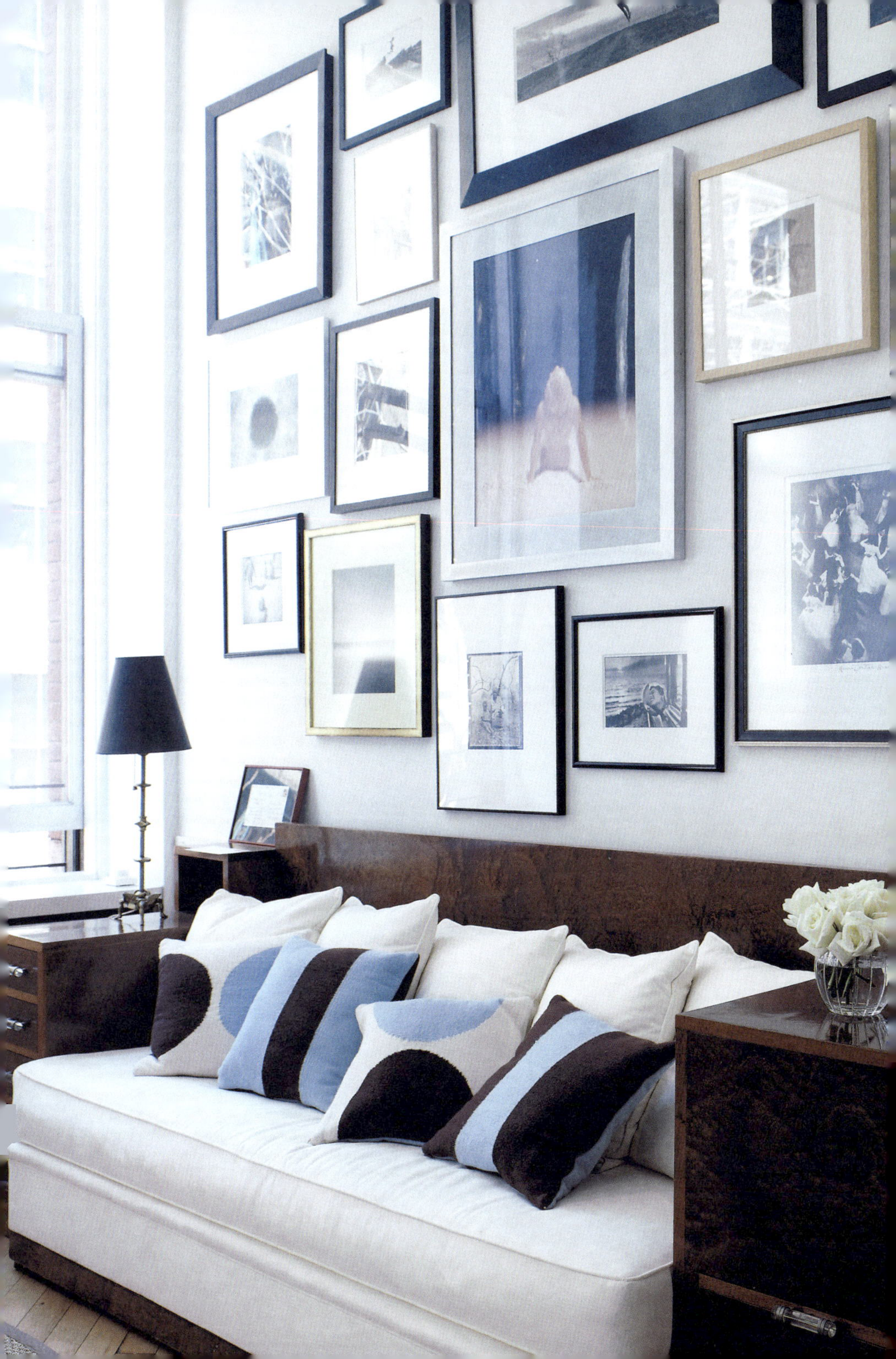

65

"光はそれゆえ色である"
J.M.W.ターナー

　このおだやかなパレットに用いられているソフトで明るい色たちが静かに示している事実、それは、色相環を幅広く利用し（ここではグリーンから時計回りにパープルまで、全体の30％近い色が使われてます）、それぞれの色を、ほぼ同じ色調になるまでホワイトで薄めれば、その仕上がりは、驚くほど調和のとれたものになるだろう、ということです。このパレットはまた、ただしい色調を得ることがいかに大切かをも例示しています。

　これらの色はもちろん、どんよりとくもった空から差しこむ、北国の青みを帯びた光の波長なり、北向きの部屋なりに由来するものです。だからこそ、グスタヴィアン様式の装飾からカール・ラーションにいたるまで、スカンディナビアの伝統的な作品にはいずれも、室内を明るく見せるために、このような色あいが好んで用いられているのです。

パレット 141

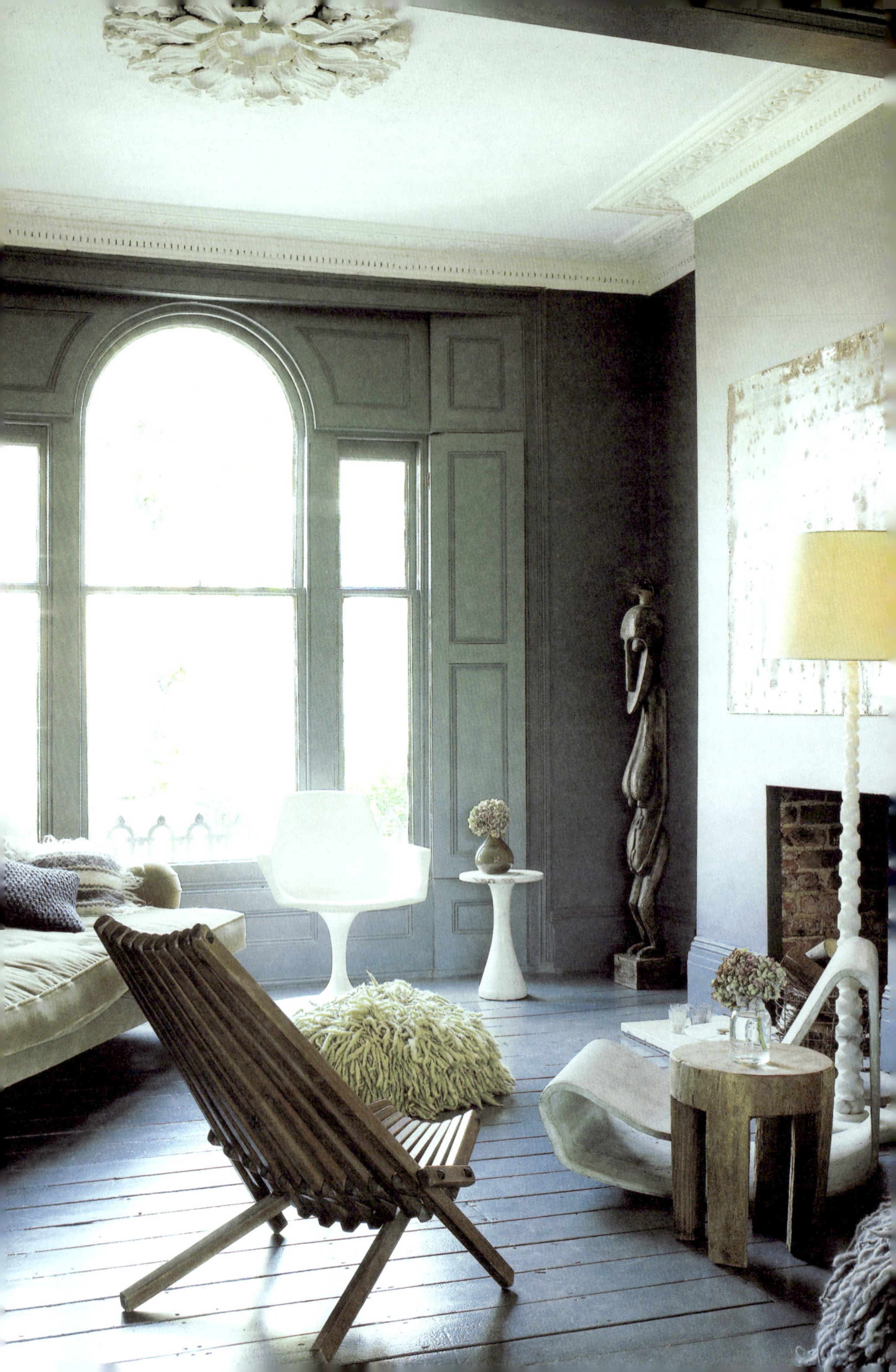

66

"青い色は、神によって永遠に、喜びの源たることが定められている"
ジョン・ラスキン

　この写真をじっくり見てください。あなたがこれまで目にしてきたなかで、もっともめずらしい部屋の1つだということに気づかれるでしょう。全体的にも美しく仕上がっています。壁も、床からひとつづきのように塗られています。というより、床に用いられている大青のような色あいのブルーが、幅木、さらには壁にも塗られ、しかもそれが上にいくにしたがって次第にグラデーションされ、セージグリーンへとかわっていっているのです。実にすばらしい手法といえるでしょう。

　これらの色は、前のページの色を一段と濃くしたものになります。北国の光の色も、ここではもはや輝きが失われ、たんにざわついているといった感じです。実はグリーンも、色をかえる力が秘められています。これは、グリーンがブルー（北国の日光の色あい）とイエロー（タングステンの家庭照明の色あい）のあいだに存在しているがゆえのことなのです。このように、2色──あるいは3色であっても──を、ひとつにまとめて装飾できるチャンスを与えてくれるのは、このブルー・グリーン・グレーおよび、こうしたカスプ・カラーの1種である、ベンガラでつくられた多数のクールなピンクのみになります。実に価値のある、すばらしい色ではありませんか。

パレット　143

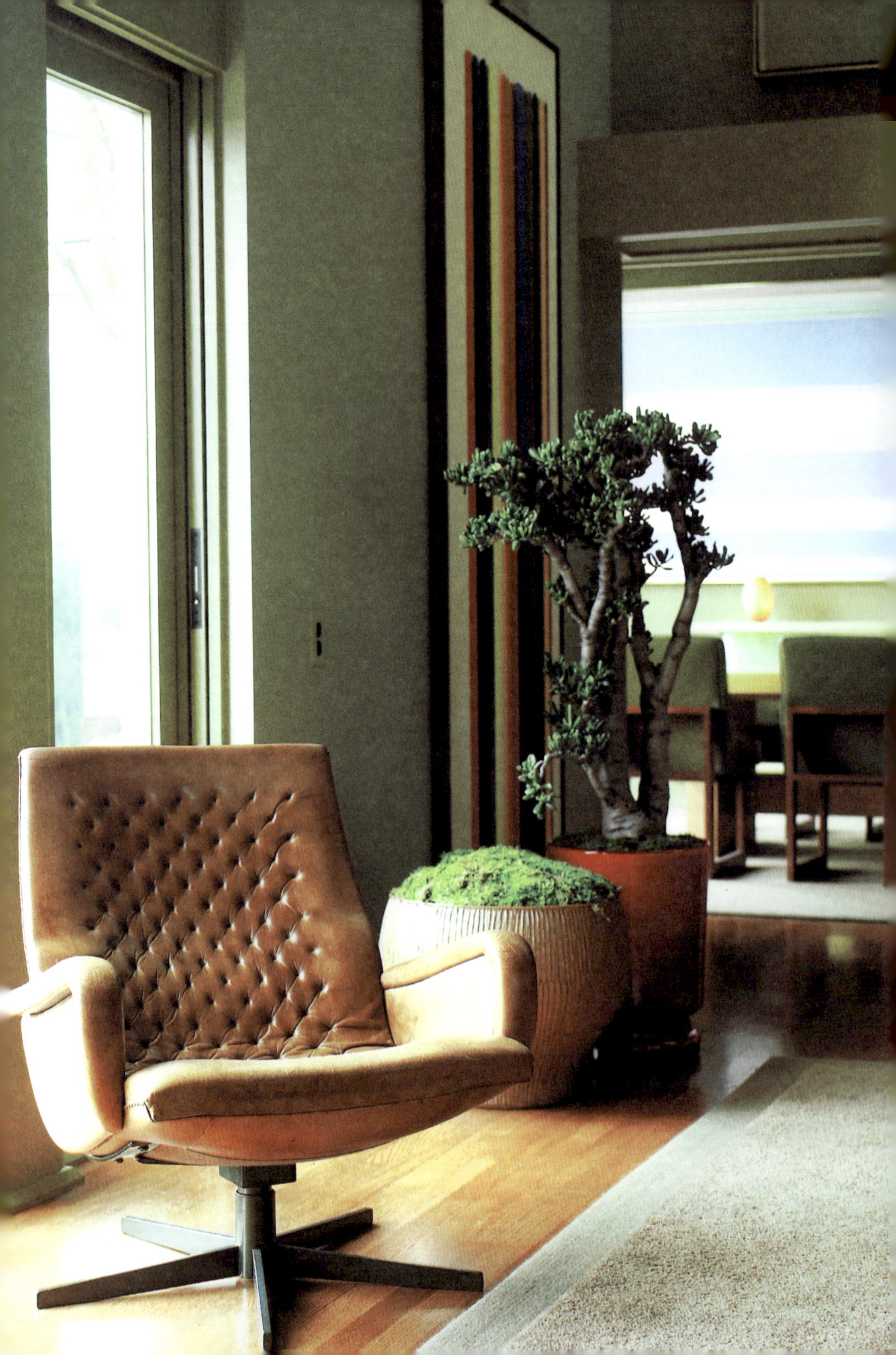

67

> "人は色彩で絵を描くなどと、だれがいったのか？
> 人は色彩を用いはするが、絵は心で描くのだ"
>
> ジャン=バティスト・シメオン・シャルダン

　では、ここではどんな物語が繰り広げられているのでしょう？　レッドとグリーンの関係が展開されているのでしょうか？　それともオレンジとグリーン？　いつも仕事をしているブラウンとブルーにかわって、ブラウンとグリーンが、ときめくような関係をおりなしているのでしょうか？　まずは、151ページの4色からなる光色相環を見てください。わずかにブルーがかったグリーンの補色がオレンジであることがおわかりでしょう。したがって、このページでひときわ目を引くセージグリーンとタンは、非の打ちどころのない組みあわせなのです。

　ありとあらゆる色彩設計のなかで、もっとも満足できるものはどれですか？　そうきかれたら、わたしは答えるでしょう、それは、色調を整えるなどして、同じ空間に補色同士を絶妙に配したものだと。いつも答えは同じです。なぜか？　こうしたアレンジは、わたしたちの目の受容体の感度を充分に高めてくれるからです。では、受容体の感度が高まると、どうなるでしょう？　すると今度は、わたしたちの心が弾んでくるのです。

色の働き

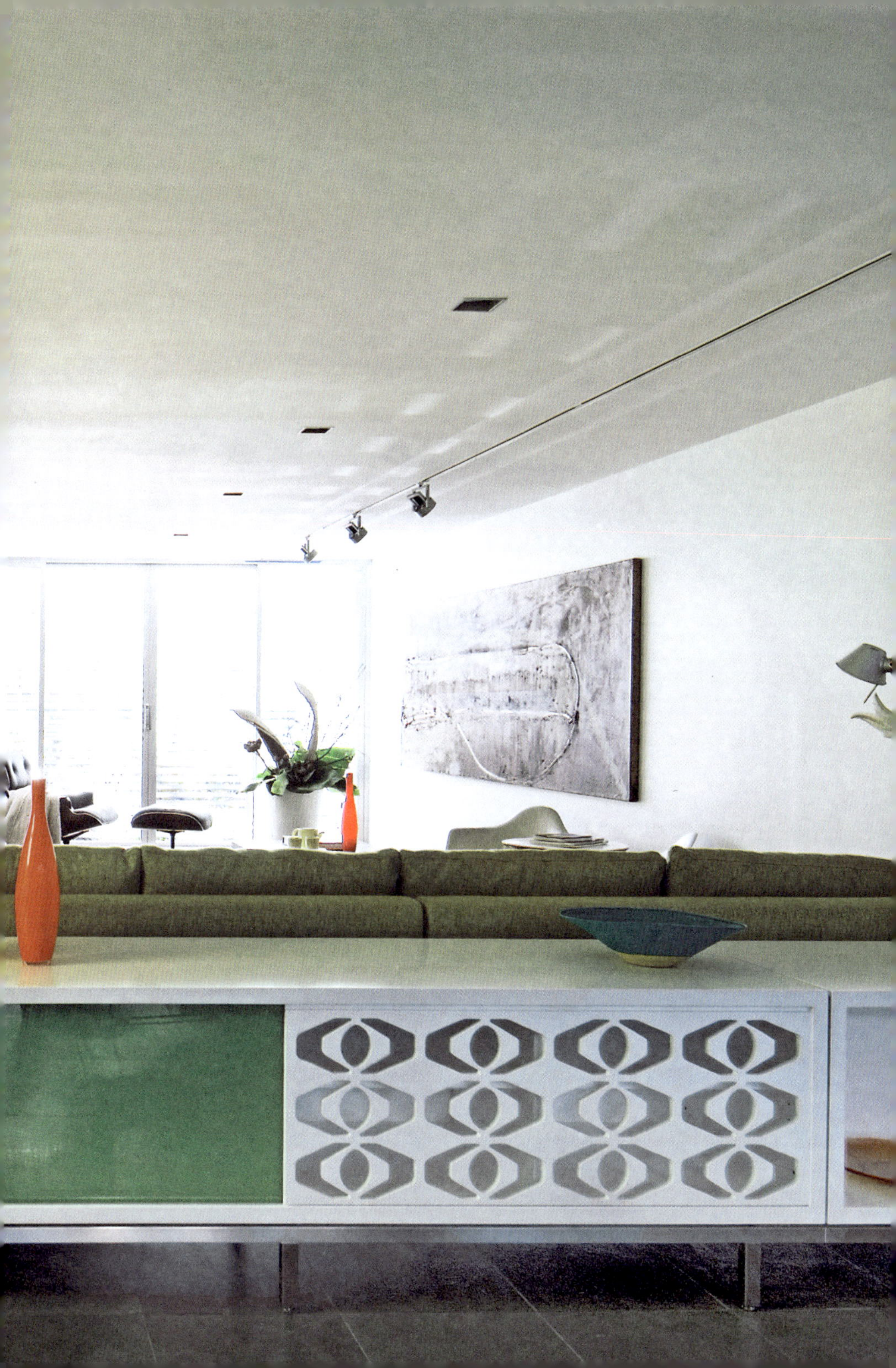

色の働き

*"学生が色について知らなければならないことは、
基本的な色相環と補色につきる。
色彩理論にかんする書物は山ほどあるが、時間と金を無駄にしてはならない"*
セルゲイ・ボンガート

　これから4ページにわたって登場するのは、さまざまなカラーモデルです。これらを用いて、色と色との関係や、わたしたちが色をどのように知覚しているか、といったことを説明していきます。いずれも、本書に掲載したパレットがどのように機能するのかを理解する一助となるでしょう。

　カラーモデルは、数千年も前から活用されています。はじめて西洋式のカラースケールをつくりあげたのはアリストテレスでした。ついでニュートンがその影響を受け、虹は7色であると決しました（ニュートンはそれまで、虹は5色あるいは11色だといった、さまざまな考えに揺れていたのです）。それは延々とつづき、現代のシステムでも、本質的にはニュートンの見解における色を参照しています。

　いずれのカラーモデルも、ある程度までは有効です。というのも、科学者たちが利用している最新式の3Dカラーモデルをもってしても、いまだに説明できない色が何色もありますから、ほかに抜きんでて圧倒的にすぐれたカラーモデルなど1つとして存在せず、いずれも不確実なものなのです。これもひとえに、人間の視覚そのものに一貫性がなく、整然としていないからだといえます。視覚に一貫性がないのは、わたしたちの目にそなわっている受容体（桿状体と錐状体）の位置が、1人1人微妙に異なっているからです。整然としていないのは、視覚は論理的なものではなく、多種多様な人間の活動に欠かせない道具として発展してきた、生物学的なメカニズムだから。デジタルではなくアナログであるがゆえに、虹の色にたいする感覚も人によって異なるのです（p.151のカラーモデル3を参照）。

カラーモデル1は、わたしたちが学校で習ったものです。原色──ほかの色を混ぜてつくることができない色──は、イエロー、レッド、ブルーで、この原色を混ぜることにより、2次色ができます。その結果、カラーモデルが円状に配されると、レッドの補色は(反対側に位置する)グリーンになるのです。

　補色同士は、同一空間に配されると"戦って"いるように見え、混ぜあわせればブラウンのような色になります。パレットに多く見られる、より微妙で複雑な色は、ある色を少量の補色で希釈し、そこにホワイトまたはブラック、あるいはその両方を付加したものです。なかには、効果をねらって、わざと補色同士を組みあわせたパレットもあります。このカラーモデルは、顔料や化学染料に活用できるので実用的ですが、不完全な場合もままあります。これはまた"減法混色"のモデルとしても知られているものです。というのも、色と色とを混ぜあわせると、それぞれの色の明度を相殺し、結果一段と暗くなるからです。したがってパープルやグリーンは、その色をつくりだすために混ぜあわされた原色よりも暗くなります。つまりこれは、色と色とをたすことで、もとの色よりも明度が低くなるケースです。

カラーモデル2は、4原色のモデルになります。一見かわっていますが、実はかなり昔、1878年につくられたものです。考案者はドイツ人生理学者エヴァルト・ヘリング。彼は、イエロー、レッド、ブルー、グリーンにブラックとホワイトをいっしょにしたものが、6色の"自然な"色のパレットを形成すると考えました。このような発想の由来の1つに、グリーンはそれを構成する減法混色の原色ブルーとイエローからは完全に独立した色と見なす、という考えがあるのです。(目の生理機能は、ホワイトとブラック、レッドとグリーン、ブルーとイエローという反対色をそれぞれ3つの信号にかえて、脳に伝達しています。その際グリーンも、ほかの色と同様に、単独の色として名をつらねているからです。)

　この4原色のカラーパレットは、非常に趣のある4色の2次色をつくりだしています。オレンジ、バイオレット、ターコイズ、そしてライムグリーンです。その結果、たとえばターコイズの補色はオレンジになり、この補色同士の関係をおさえた色調で表現した例は、パレット67に見ることができます。4原色のカラーモデルは20世紀に入って改善され、何度もの公式発表を経てのちようやく、完璧な理論のものができあがりました。その完成をもたらしたのが、スウェーデン・カラー・センター協会であり、この機関によってこのカラーモデルは、1979年にナチュラル・カラー・システム(NCS)の標準規格カラーアトラスとして流布したのです。そして今では、複数の国において国内工業規格として、さらには世界中の塗料や塗装メーカーによっても採用されています。

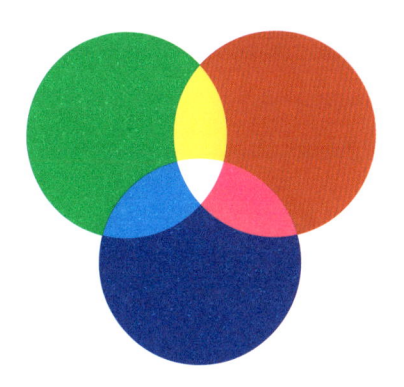

カラーモデル3は、3原色に立ち返っていますが、カラーモデル1とはまた異なります。なぜならこれらは、光の3原色と2次色だからです。グリーンとウォームレッドとブルーの塗料を混ぜあわせると、白い光になります（ちなみに、レッドとイエローとブルーの塗料を混ぜるとブラックになるはずですが、顔料は不完全なものであるため、実際には濃いブラウンになります）。これらのもたらす2次色もまた、趣があります。シアンブルー（ターコイズに似ています）、マゼンタ、そしてイエロー。なかでも特に奇抜なのが、レッドとグリーンの光を混ぜてつくるイエローです。2次色は、2色の光を混ぜあわせた結果できあがるものであるがゆえに、一段と明るい色である、ということがよくおわかりでしょう。これが、加法混色のパレットと称されているのも、うなずけることと思います。

　色を選択する際には、魔法を使ったりはしませんし、ましてや色を混ぜあわせるときに錬金術を駆使することもありません。可視スペクトル、つまり虹のさまざまな色のなかから、レッド、グリーン、ブルーの原色を選択するのは、つまるところ、わたしたちの体がそうなっているからなのです。わたしたちが知覚できる（電波やガンマ線をふくむ）電磁放射の幅はごくかぎられていて、わたしたちはそれを可視光線と呼んでいます。わたしたちの網膜にそなわる3タイプのセンサーは、可視スペクトル内のそれぞれ異なる色に反応し、異なる領域において、その最大感度を発揮するのです。つまり、センサーのうちの1つはスペクトルのブルーの領域における感度が最大で、あとの2つはそれぞれグリーンとレッドになります。もしわたしたちに、（ある種の動物同様）赤外線なり紫外線なりを感知できるセンサーがそなわっていたなら、今以上に多くの色を見ることができたでしょう。しかしながら実際には、前述した3タイプ（と、モノクロームにたいする視覚）しかそなわっていないので、わたしたちの色の世界はすべて、この3つのセンサーに依存しているのです。したがって、わたしたちが知覚できる色はすべて、こうしたセンサーの働きがさまざまに組みあわさってできる色、ということになります。けれどおかげでわたしたちは、1600万もの色を個々に認識し、その微妙な色の差異を楽しむことができるのです。

カラーモデル4では、光の2次色——シアン、マゼンタ、イエローを取りあげ、これらの色に逆の働きをさせています。理論的には、この3色の透明なプラスチックシートがあれば、減法混色により、光の3原色をつくりだすことができるはずなのです。したがって、シアンのプラスチックシートをマゼンタのシートに重ねれば、明度は落ちますがブルーの光ができるでしょう。この機能は、塗料を混ぜあわせる場合にいささか似ていますが、こうした理論上の減法混色の原色、シアン、マゼンタ、イエローは、重ねた場合、(カラーモデル3とは反対に) ブラックをつくりだしてしかるべきです。けれど、もちろんそうはなりません。というのも、着色プラスチックシートは、(光をのぞく) ほかの着色物すべてと同じように、非の打ちどころのない、100%純粋な色では決してないからです。

同様のことは、印刷用のインクについてもいえます。このカラーモデルをベースにしているのが現代の印刷方式で、(光を反射する) 白い紙の上にシアン、マゼンタ、イエローの透明インクを用いて、本や雑誌にフルカラーの写真を再現しているのです。実際には、印刷業界ではブラックも使用されており、それによって3色の発色が高められています。そしてその結果誕生した (加法混色、減法混色が混じりあった) 印刷方式が、目下世界的に活用されているCMYKプロセスカラーによる印刷法です。

けれどこのCMYKには、決してなおせない欠点があります。グリーンの発色がいちじるしく弱く、また特にオレンジはいつでも、どんよりとくすんで見えるのです。主な原因はやはり、インクにおける技術的な限界にあります。けれどパントン社Pantone®——世界でも1、2をあらそう色の権威であり、グラフィックスおよび印刷業界における唯一最大の発言権を持つ企業——が、左側にあげたように、さらに2色グリーンとオレンジを導入することで、この問題を大幅に解決したのです。パントン社は、前述したCMYKとあわせて、6色による印刷方法を開発しました。それがヘキサクロームHexachrome®です。本書は、そのヘキサクロームを用いて印刷されたものであり、これは専門書以外では非常に珍しいといえます。この印刷法でなければ、パレットの色を正確に表現することはできませんでしたし、おかげで、写真を色あざやかに再現することも可能になったのです。

便利なカラー用語

補色　カラーモデルにおける補色は、色相環のむかいあう位置にあります。理論的には、補色同士を適量ずつ混ぜあわせると、相殺し、顔料の場合であればグレーまたはブラックに、そして光の場合であればホワイトになるはずです。が、実際には、減法原色の顔料の補色同士を混ぜあわせた場合、くすんだブラウンになります。補色同士を対比するように配すると、目の錯覚が引きおこされ、たがいに張りあい、浮き立っているかのように見えるでしょう(たとえばレッドとグリーンなど)。3色および4色からなる減法原色のカラーモデル(p.149-150のカラーモデル1と2を参照)は、さまざまな趣のある補色の組みあわせを見せてくれます。3色の加法原色のモデル(光の原色および2次色)の場合は、光の特性を最大に活かした補色の組みあわせが見られます。

色相　レッド、オレンジ・レッド、オレンジなど、色が個々に有する識別可能な特性です。色相環上で細かく区切られながら並んでいる色あいはいずれも、色相によって区画され、色の波長によって決められています。

彩度　同等の明度のグレーにたいし、あらゆる色相の有するあざやかさを示す基準。つまりこれは、色の純度あるいは強度のことであって、明暗や色相を示すものではありません。自宅のテレビでも、フルカラーから白黒へとゆっくり色を落としていくことで、彩度をかえることができます。Chroma(彩度)はギリシャ語で色の意味です。

明色　例:ブルーの明色は、ブルーにホワイトをくわえたライトブルーです。

暗色　例:ブルーの暗色は、ブルーにブラックをくわえたダークブルーです。

トーン　例:ブルーのトーンは、ブルーにグレーをくわえた、グレーがかったブルーです。

カスプ・カラー　比較的新しい言葉で、光の状況に応じて色がかわって見える複雑な色あい(くすんでいたり、グレーがかったものが多い)を表現するために使われます。したがってカスプ・カラーは、色記憶によって認識したものとは一致しません。カスプ・カラーとしてあげられるのは、グレーを帯びたグリーン・ブルーや、青みがかったベンガラでつくられたピンクなどです。たとえば、極端に異なる光——あたたかみのあるタングステン光と、ぶあつい雲におおわれた空から差す、ひんやりとした青みがかった光を浴びた場合、カスプ・カラーは、まったく異なった特徴を有しているように見えます。昼間の明るい光は、雲におおわれることもあれば、フル・スペクトルの直射日光になる場合もあるため、カスプ・カラーになりやすいのは、ブルーとバイオレットの境目に存在する複雑な色です。

純色量　色の強度やグレーを帯びている程度、明色度やくすみの程度などを示すもの。完全な純色は、最高にあざやかで、混じり気がなく、濃い色あいをしています。明るさによって分類された彩度と定義されます。

色記憶　わたしたちが視覚刺激を無視し、色にまつわる記憶を駆使して、さまざまな光の条件下における色の不変性を確かにする現象。人工的な着色の恒常性を確実なものにする手段。

カラーレンジ──色の範囲

これは、あなたが今までご覧になってきたすべてのカラーパレットの基本をなす、完璧なカラーレンジです。このパレットに掲載されている色は、左から2列ずつ補色の"グループ"に分類されています。もちろんほとんどの色は、同じ縦列あるいは横列に配されたどの色とも、うまく組みあわせることができます。このカラーレンジは、自然や文化や歴史的なものにそのひらめきを得てはいるものの、(こ

1 シリカホワイト
2 プラチナペール
3 パールアッシュ
4 グラファイト
5 プルンバゴ
6 チャコール
7 ボーンホワイト
8 アラバスター
9 オークアップル
10 グラニット
11 アンチモニー
12 マーキュリー
13 ビアンコ
14 フレークホワイト
15 ライトアンバー

16 バードアンティーク
17 ローアース
18 セピア
19 ライムホワイト
20 ホワイトオーカー
21 オールドホワイト
22 ツンドラ
23 コブル
24 アンティークアース
25 クオーツ
26 キャンバス
27 パーチメント
28 チャイナクレイ
29 タスカンアース
30 アンバーグリス

31 オイスター
32 ジェッソ
33 ワックスマートル
34 トゥファ
35 マルム
36 バスウッド
37 パッションフラワー
38 アイボリー
39 トラバーティナクレマ
40 エクリュ
41 パミス
42 スカラベ
43 マーブル
44 ホワイトマルベリー
45 ベラム

46 ストーンオーカー
47 バーントバーディグリス
48 パームハニー
49 ジプサム
50 イエロードラブ
51 ライトガンボージ
52 ウェルドイエロー
53 アコナイトイエロー
54 インディアンイエロー
55 オールドクリーム
56 ペールマリン
57 オックスフォードオーカー
58 シエナアース
59 サフラワー
60 レッドオーカー

れまで見てきたたくさんのパレットでも明らかなように）時代の先端をいく空間をも引き立たせること
ができるでしょう。このレンジは、わたしの"エレメンツ・オブ・カラー"コレクションですが、いずれも
Fired Earth社から市販されています。あるいは、あわせてみたいと思った色の見本を塗料店に持っ
ていき、自分が好きな色のなかから選んでもいいでしょう。

- 61 チョークホワイト
- 62 ロマンオーカー
- 63 コラライン
- 64 シナバーレッド
- 65 コチニール
- 66 アリザリンアース
- 67 ダッチホワイト
- 68 オールドオーカー
- 69 ポンペイアンレッド
- 70 マダーレッド
- 71 スープラレッド
- 72 ドラゴンズブラッド
- 73 ペールサキシフレイジ
- 74 ホワイトメジリオン
- 75 オーチャードピンク

- 76 ローズベイ
- 77 ティリアンローズ
- 78 カラギーン
- 79 マンナアッシュ
- 80 ローズマロー
- 81 チョークバイオレット
- 82 ゲンチアナバイオレット
- 83 アメジスト
- 84 バーントジュニパー
- 85 ペールシーラス
- 86 シーラベンダー
- 87 ウェルキンブルー
- 88 ゼニスブルー
- 89 バーミヤーンブルー
- 90 ウォードブルー

- 91 グラスサムファイア
- 92 ブルーアッシュ
- 93 スモークブルー
- 94 ペールラピス
- 95 マリアナブルー
- 96 カーボンブルー
- 97 ブルームーン
- 98 ノーザンライツ
- 99 ダックエッグ
- 100 ブルーグラス
- 101 ターキッシュブルー
- 102 アンダマンシー
- 103 ムーンストーン
- 104 オパールグリーン
- 105 マラム

- 106 ウルトラマリンアッシュ
- 107 ウィールドグリーン
- 108 ザンガーグリーン
- 109 サマーライクン
- 110 セラドン
- 111 スイートシスリー
- 112 アブサン
- 113 ガーネット
- 114 マラカイト
- 115 ペールベルディグリ
- 116 クインス
- 117 オーキッドリーフ
- 118 ベルディリス
- 119 オークファーン
- 120 ワイルドオリーブ

カラーレンジ——色の範囲

対応塗料

これまでに掲載してきたカラーパレットで取りあげた色はすべて、Fired Earth社の塗料である、わたしの"エレメンツ・オブ・カラー"コレクションから購入することができる塗料に対応しています。以下に、本書で取りあげたパレットの一覧をあげておきます。各色見本には、名前と番号をつけ、あなたの選んだ色が、Fired Earth社の塗料と簡単に対応できるようにしてありますので、参考にしてください。

最初の太字の番号はパレットの番号を示し、その次からの番号は、各パレットに用いた個々の色を示しています。ですからたとえば、パレット58(p.127)の2番目の色見本であるピリッとしたマスタードは、以下の一覧を見ていただければすぐに、インディアンイエローという色であることが簡単にわかるようになっているのです。また、色を対応させるのにできるだけ余分な手間がかからないよう、色名のあとの( )内に番号を付記しておきました。この番号は、Fired Earth社の"エレメンツ・オブ・カラー"コレクションの各色の番号に相当します。

パレット1 1 ボーンホワイト(17) 2 チャイナクレイ(28) 3 マダーレッド(70) 4 ガーネット(113)

パレット2 1 シナバーレッド(64) 2 ペールシーラス(85) 3 ペールラピス(94) 4 アブサン(112) 5 ガーネット(113) 6 ベルディリス(118)

パレット3 1 サフラワー(59) 2 ターキッシュブルー(101) 3 ザンガーグリーン(108) 4 ガーネット(113) 5 ベルディリス(118) 6 オークファーン(119)

パレット4 1 アリザリンアース(66) 2 バーントジュニパー(84) 3 セラドン(110) 4 スイートシスリー(111)

パレット5 1 ダックエッグ(99) 2 ブルーグラス(100) 3 アンダマンシー(102) 4 ウィールドグリーン(107) 5 ザンガーグリーン(108) 6 ガーネット(113) 7 マラカイト(114)

パレット6 1 パールアッシュ(3) 2 チャコール(6) 3 ペールシーラス(85) 4 オークファーン(119)

パレット7 1 オークアップル(9) 2 グラニット(10) 3 アンチモニー(11) 4 ペールシーラス(85) 5 ガーネット(113) 6 オーキッドリーフ(117)

パレット8 1 バードアンティーク(16) 2 ローアース(17) 3 アンティークアース(24) 4 ガーネット(113) 5 スイートシスリー(111)

パレット9 1 アンティークアース(24) 2 ウィールドグリーン(107) 3 ペールベルディグリ(115) 4 オーキッドリーフ(117) 5 オークファーン(119) 6 チョークバイオレット(81)

パレット10 1 パールアッシュ(3) 2 アラバスター(8) 3 グラニット(10) 4 アンチモニー(11)

パレット11 1 オークアップル(9) 2 グラニット(10) 3 アンチモニー(11) 4 タスカンアース(29) 5 サフラワー(59) 6 レッドオーカー(60)

パレット12 1 マラム(105) 2 ザンガーグリーン(108) 3 セラドン(110) 4 アブサン(112) 5 ガーネット(113)

パレット13 1 コラライン(63) 2 オールドオーカー(68) 3 ホワイトメジリオン(74) 4 ターキッシュブルー(101)

パレット14 1 マーキュリー(12) 2 バスウッド(36) 3 バーントジュニパー(84) 4 ブルーアッシュ(92)

パレット15 1 ストーンオーカー(46) 2 バーントバーディグリス(47) 3 アメジスト(83) 4 バーントジュニパー(84) 5 バーミヤーンブルー(89)

パレット16 1 プルンバゴ(5) 2 アンチモニー(11) 3 マーキュリー(12) 4 タスカンアース(29)

パレット17 1 アンティークアース(24) 2 アンバーグリス(30) 3 スカラベ(42) 4 シーラベンダー(86) 5 ゼニスブルー(88) 6 バーミヤーンブルー(89)

パレット18 1 オークアップル(9) 2 バスウッド(36) 3 ウェルキンブルー(87) 4 バーミヤーンブルー(89) 5 カーボンブルー(96) 6 アンダマンシー(102)

パレット19 1 アンバーグリス(30) 2 バーントジュニパー(84) 3 バーミヤーンブルー(89) 4 ブルーアッシュ(92) 5 スモークブルー(93)

パレット20 1 チャコール(6) 2 ゲンチアナバイオレット(82) 3 アメジスト(83) 4 シーラベンダー(86) 5 ターキッシュブルー(101) 6 アンダマンシー(102)

パレット21 1 プラチナペール(2) 2 マンナアッシュ(79) 3 チョークバイオレット(81) 4 マリアナブルー(95) 5 ゼニスブルー(88) 6 バーミヤーンブルー(89)

パレット22 1 パールアッシュ(3) 2 ポンペイアンレッド(69) 3 ティリアンローズ(77) 4 バーントジュニパー(84) 5 カーボンブルー(96)

パレット23 1 レッドオーカー(60) 2 チョークバイオレット(81) 3 ゲンチアナバイオレット(82) 4 バーントジュニパー(84) 5 カラギーン(78) 6 アメジスト(83)

パレット24 1 アラバスター(8) 2 ローアース(17) 3 ゼニスブルー(88) 4 クインス(116) 5 オーチャードピンク(75) 6 チョークバイオレット(81)

パレット25 1 チャコール(6) 2 ウェルドイエロー(52) 3 ローズマロー(80) 4 ホワイトメジリオン(74) 5 ローズベイ(76)

パレット26 1 チャコール(6) 2 アンチモニー(11) 3 ライトアンバー(15) 4 ローズベイ(76) 5 パーチメント(27)

パレット27 1 グラニット(10) 2 アンチモニー(11) 3 ローアース(17)

パレット28 1 セピア(18) 2 オーチャードピンク(75) 3 ローズベイ(76) 4 シーラベンダー(86) 5 ゼニスブルー(88)

パレット29 1 ライトガンボージ(51) 2 チョークバイオレット(81) 3 ウルトラマリンアッシュ(106) 4 グラニット(10) 5 オーキッドリーフ(117)

パレット30 1 グラニット(10) 2 エクリュ(40) 3 アメジスト(83) 4 バーミヤーンブルー(89)

パレット31 1 アコナイトイエロー(53) 2 インディアンイエロー(54) 3 サフラワー(59) 4 アリザリンアース(66)

パレット32 1 シエナアース(58) 2 サフラワー(59) 3 コチニール(65) 4 マダーレッド(70) 5 スープラレッド(71) 6 ゲンチアナバイオレット(82) 7 バーミヤーンブルー(89) 8 アンダマンシー(102)

パレット33 1 プルンバゴ(5) 2 シエナアース(58) 3 サフラワー(59) 4 シナバーレッド(64) 5 ティリアンローズ(77) 6 バーミヤーンブルー(89)

パレット34 1 アンチモニー(11) 2 セピア(18) 3 アリザリンアース(66) 4 マダーレッド(70) 5 ブルーアッシュ(92)

パレット35 1 バスウッド(36) 2 イエロードラブ(50) 3 コチニール(65) 4 マンナアッシュ(79) 5 ウェルキンブルー(87) 6 ブルーアッシュ(92)

パレット36 1 アリザリンアース(66) 2 ウェルキンブルー(87) 3 ゼニスブルー(88) 4 ムーンストーン(103)

パレット37 1 ボーンホワイト(7) 2 ローアース(17) 3 タスカンアース(29) 4 マルム(35) 5 ホワイトオーカー(20) 6 レッドオーカー(60)

パレット38 1 チャコール(6) 2 セピア(18) 3 ライトガンボージ(51) 4 ウェルドイエロー(52) 5 シナバーレッド(64)

パレット39 1 シナバーレッド(64) 2 マダーレッド(70) 3 スープラレッド(71) 4 ドラゴンズブラッド(72)

パレット40 1 ボーンホワイト(7) 2 オークアップル(9) 3 グラニット(10) 4 マルム(35) 5 アリザリンアース(66) 6 オーチャードピンク(75)

パレット41 1 アンバーグリス(30) 2 バーントバーディグリス(47) 3 ウェルドイエロー(52) 4 サフラワー(59) 5 アコナイトイエロー(53) 6 ローズマロー(80) 7 ウェルキンブルー(87)

パレット42 1 マーキュリー(12) 2 インディアンイエロー(54) 3 シエナアース(58) 4 コラライン(63) 5 アリザリンアース(66) 6 ターキッシュブルー(101)

対応塗料 157

パレット43　1 アンチモニー(11)　2 ジプサム(49)　3 イエロードラブ(50)　4 ウェルキンブルー(87)　5 スモークブルー(93)　6 ペールラピス(94)

パレット44　1 コブル(23)　2 アンティークアース(24)　3 トラバーティナクレマ(39)　4 ジプサム(49)　5 チョークホワイト(61)　6 シーラベンダー(86)　7 ウェルキンブルー(87)　8 グラスサムファイア(91)

パレット45　1 グラニット(10)　2 キャンバス(26)　3 イエロードラブ(50)　4 ポンペイアンレッド(69)　5 スープラレッド(71)　6 スモークブルー(93)

パレット46　1 ワックスマートル(33)　2 パミス(41)　3 パームハニー(48)　4 シエナアース(58)

パレット47　1 セピア(18)　2 タスカンアース(29)　3 ストーンオーカー(46)　4 インディアンイエロー(54)　5 バーミヤーンブルー(89)

パレット48　1 オークアップル(9)　2 ワックスマートル(33)　3 バスウッド(36)　4 エクリュ(40)　5 コラライン(63)　6 ゼニスブルー(88)

パレット49　1 フレークホワイト(14)　2 キャンバス(26)　3 バスウッド(36)　4 アコナイトイエロー(53)　5 サフラワー(59)　6 レッドオーカー(60)　7 ポンペイアンレッド(69)　8 オーチャードピンク(75)

パレット50　1 ライトアンバー(15)　2 バスウッド(36)　3 オールドオーカー(68)　4 オーチャードピンク(75)　5 チョークバイオレット(81)　6 ゼニスブルー(88)

パレット51　1 パールアッシュ(3)　2 グラニット(10)　3 セピア(18)　4 ツンドラ(22)　5 アンバーグリス(30)　6 スカラベ(42)　7 パームハニー(48)

パレット52　1 シーラベンダー(86)　2 ゼニスブルー(88)　3 ブルーアッシュ(92)　4 マラム(105)　5 ペールベルディグリ(115)　6 ジプサム(49)

パレット53　1 パミス(41)　2 ストーンオーカー(46)　3 シナバーレッド(64)　4 ウルトラマリンアッシュ(106)　5 ザンガーグリーン(108)　6 クインス(116)

パレット54　1 ティリアンローズ(77)　2 ゲンチアナバイオレット(82)　3 バーミヤーンブルー(89)　4 ターキッシュブルー(101)

パレット55　1 パールアッシュ(3)　2 オークアップル(9)　3 マラム(35)　4 シナバーレッド(64)　5 サフラワー(59)　6 バーミヤーンブルー(89)

パレット56　1 サフラワー(59)　2 レッドオーカー(60)　3 マリアナブルー(95)　4 ターキッシュブルー(101)

パレット57　1 グラファイト(4)　2 ローアース(17)　3 アコナイトイエロー(53)　4 オーチャードピンク(75)　5 ダックエッグ(99)　6 ムーンストーン(103)

パレット58　1 パームハニー(48)　2 インディアンイエロー(54)　3 ペールラピス(94)

パレット59　1 アンチモニー(11)　2 マーキュリー(12)　3 マダーレッド(70)　4 ティリアンローズ(77)　5 スイートシスリー(111)

パレット60　1 ホワイトマルベリー(44)　2 アンチモニー(11)　3 ペールシーラス(85)　4 グラスサムファイア(91)

パレット61　1 プラチナペール(2)　2 パールアッシュ(3)　3 プルンバゴ(5)　4 アンチモニー(11)　5 ペールシーラス(85)

パレット62　1 ローアース(17)　2 バスウッド(36)　3 ゲンチアナバイオレット(82)　4 アメジスト(83)　5 シーラベンダー(86)　6 ゼニスブルー(88)　7 ウォードブルー(90)

パレット63　1 アンチモニー(11)　2 ローアース(17)　3 ゲンチアナバイオレット(82)　4 バーントジュニパー(84)　5 ゼニスブルー(88)　6 ウォードブルー(90)　7 ブルーアッシュ(92)

パレット64　1 カラギーン(78)　2 マンナアッシュ(79)　3 バーントジュニパー(84)　4 ウェルキンブルー(87)

パレット65　1 ペールシーラス(85)　2 シーラベンダー(86)　3 グラスサムファイア(91)　4 ブルームーン(97)　5 ノーザンライツ(98)　6 ムーンストーン(103)　7 オパールグリーン(104)

パレット66　1 ベラム(45)　2 ライトガンボージ(51)　3 ゼニスブルー(88)　4 バーミヤーンブルー(89)　5 ブルーグラス(100)　6 ウルトラマリンアッシュ(106)

パレット67　1 サフラワー(59)　2 レッドオーカー(60)　3 ウィールドグリーン(107)　4 スイートシスリー(111)

PICTURE CREDITS

2-3 Narratives/Jan Baldwin; 4-5 Narratives/Jan Baldwin/Alastair Hendy;
10-11 Narratives/Emma Lee; 13 Mainstreamimages/Paul Massey; 14-15 The Interior Archive/Simon Upton designer Ilaria Miani; 16-17 Simon Kenny/CONTENT/Jake Dowse Architects, stylist; Georgi Waddy; 18 Camera Press/Côté Sud/Nicolas Tosi; 21 Minh + Wass; 23 Richard Powers; 25 Taverne Agency/John Drummer, Stylist: Karin Draajer; 26 Camera Press/Côté Sud/Nicolas Tosi; 28 Narratives Jan Baldwin; 30 Camera Press/Côté Sud/Bernard Touillon; 33 Richard Powers/Marmol Radziner Architects; 34 Taverne Agency/ Karina Tengberg, Stylist: Tami Christiansen; 36-37 Narratives/Jan Baldwin; 39 Narratives/Jan Baldwin/Alastair Hendy; 40 Julian Wass; 42-43 View/Hufton & Crow; 44 Taverne Agency/Nathalie Krag, Stylist: Letizia Donati; 46 The Interior Archive Simon Upton designer Ilaria Miani; 48 Tavene Agency/Anna de Leeuw, Stylist: Marianne Luning; 51 The Interior Archive/Simon Upton designer designer Miles Redd; 53 Taverne Agency/Anna de Leuw/Stylist, Marianne Luning: 55 Camera Press/Maison Francaise/J M Palisse; 56 Richard Powers designer Mary Wilson; 59 Taverne Agency/Alexander van Berge, stylist: Marianne van Heusden; 60 Taverne Agency Ngoc Minh Ngo; 63 Taverne Agency/Lisa Cohen, Stylist:Fiona Mcarthy; 65 Taverne Agency/Alexander van Berge, Stylist: Marianne van Heusden; 66-67 The Interior Archive/Edina van der Wyck; 68-69 Narratives/Jan Baldwin; 70 Camera Press/Maison /Françaíse/Christophe Dugied; 72 The Interior Archive/Luke White architect David Mikhail; 75 The Interior Archive/Simon Upton/designer Ilaria Miani; 77 GAP Interiors/Inside/H&L/D. Ross/H&L; 78 Geoff Lung/f8 photo library; 81 Narratives/Emma Lee/designer Emma Bridgewater; 82 Camera Press/Côté Sud/Nicolas Tosi; 84-85 Deidi von Schaewen designer Laurie Owen, Johannesburg; 86-87 Narratives/A Mezza & E Escalante/ Architect Martin Facundo Cinquegrani; 88-89 David Giles designer Ann Louise Roswald; 91 Camera Press/Côté Ouest/Christophe Dugied; 92-93 Photozest /Inside/designer Helen Portugal; 95 Photozest/Inside/Architect Mark Mack; 96-97 Narratives/Emma Lee; 99 Narratives/Emma Lee; 100-101 The Interior Archive/Simon Upton/:designer Ilaria Miani 102-103 Photozest/Inside/W Waldron/ Architect Welliver; 105 Minh + Wass/Drake Design Associates; 107 Narratives/Paul Raeside/ potter: Anne Kjaersgaard; 109 Camera Press/ Côté Sud/Henri del Olmo; 110 Richard Powers/Kim Utzon Architect; 113 Deidi von Schaewen, the Lofthotel, Murg Walensee, Switzerland; 115 Taverne Agency/Earl Carter/stylist Anne Marie Kiely; 117 Richard Powers designers Lawson & Fenning; 118 Ngoc Minh Ngo designer Sherry Olsen; 120 The Interior Archive/Nicolas Matheus architect Philippe Phi, stylist Laurence Dougier; 123 Redcover.com/Chris Tubbs; 124 Taverne Agency/Earl Carter/Stylist Anne-Marie Kiely;126 Redcover.com/James Mitchell; 128 Andreas von Einsiedel/ designer David Carter; 130 Camera Press /MCM/J Oppenheim/D Rozensztroch; 132 Côté Sud/Bernard Touillon; 135 Camera Press/Maison Francaise/J M Palisse; 136 Camera Press/Catherine Panchouf; 139 Richard Powers/designer Sue Hostetler; 141 Narratives/Jan Baldwin/Lena Proudlock; 142 Narratives/Polly Eltes/designer Abigail Ahern; 144 Richard Powers/designer Kay Kollar; 147-148 Simon Kenny/ CONTENT/Jake Dowse Architects,stylist: Georgi Waddy.

本書におけるカラーの精度と限界について

　本書はヘキサクロームHexachrome®を用いて印刷されています。これは、従来の4色をこえる6色を駆使した高度な印刷法です。このヘキサクロームでコントロール可能な色は3000色を上回りますが、それでもやはり印刷には限界があり、多少の偏差も生じます。したがって、本来の色を忠実に再現している、という保証はできかねます。

　本書に掲載している印刷した色見本は、塗料製造業者のカラーカードを用いたうえで、Fired Earth社におけるケビン・マクラウドの"エレメンツ・オブ・カラー"コレクションに対応しています。しかしながら、本書の色見本とFired Earth社の対応カラーとのあいだにおける差異にかんしては、著者および編集者は、いかなる責任も負うものではありません。

　どんな製造業者の塗料であれ、バッチが異なれば色味が微妙に異なってくることに注意してください。したがって塗料を購入する際には、つねに缶にしるされたバッチ番号を確認し、できるだけ同じバッチ番号のものを購入するようにしてください。同じ番号のものを購入できないときは、複数の缶の中味を混ぜあわせて、同じような色味になるよう調節します。

　対応塗料について、また英国ブランドの最高級塗料の購入についてさらにくわしく知りたい場合には、www.choosingpaint.comをご覧ください。